GUÍA MUSICAL PARA PADRES

Lauren Conde Castillo

Todo lo que necesitas
para acompañar a tu hijo
en su viaje musical

Lauren
Music Academy

Lauren
Music Academy

Lauren Music Academy Lauren Music Academy Lauren Music Academy Lauren Music Academy Lauren Music Academy
Lauren Music Academy Lauren Music Academy Lauren Music Academy Lauren Music Academy Lauren Music Academy Lauren Music Academy
Lauren Music Academy Lauren Music Academy Lauren Music Academy Lauren Music Academy Lauren Music Academy Lauren Music Academy
Lauren Music Academy Lauren Music Academy Lauren Music Academy Lauren Music Academy Lauren Music Academy Lauren Music Academy
Lauren Music Academy Lauren Music Academy Lauren Music Academy Lauren Music Academy Lauren Music Academy Lauren Music Academy
Lauren Music Academy Lauren Music Academy Lauren Music Academy Lauren Music Academy Lauren Music Academy Lauren Music Academy
Lauren Music Academy Lauren Music Academy Lauren Music Academy Lauren Music Academy Lauren Music Academy Lauren Music Academy
Lauren Music Academy Lauren Music Academy Lauren Music Academy Lauren Music Academy Lauren Music Academy Lauren Music Academy
Lauren Music Academy Lauren Music Academy Lauren Music Academy Lauren Music Academy Lauren Music Academy Lauren Music Academy

Lauren
Music Academy

Lauren Music Academy
Lauren Music Academy
Lauren Music Academy
Lauren Music Academy
Lauren Music Academy
Lauren Music Academy
Lauren Music Academy
Lauren Music Academy
Lauren Music Academy
Lauren Music Academy
Lauren Music Academy
Lauren Music Academy
Lauren Music Academy
Lauren Music Academy
Lauren Music Academy
Lauren Music Academy
Lauren Music Academy
Lauren Music Academy
Lauren Music Academy
Lauren Music Academy
Lauren Music Academy
Lauren Music Academy
Lauren Music Academy
Lauren Music Academy
Lauren Music Academy
Lauren Music Academy
Lauren Music Academy
Lauren Music Academy
Lauren Music Academy
Lauren Music Academy
Lauren Music Academy
Lauren Music Academy
Lauren Music Academy
Lauren Music Academy
Lauren Music Academy
Lauren Music Academy
Lauren Music Academy
Lauren Music Academy
Lauren Music Academy
Lauren Music Academy
Lauren Music Academy
Lauren Music Academy
Lauren Music Academy
Lauren Music Academy
Lauren Music Academy
Lauren Music Academy
Lauren Music Academy

GUÍA MUSICAL PARA PADRES

Lauren Music Academy of Art INC.

Diseño de portada: Leriam Jiménez
Prólogo: Dr. Lawrence Garro
Edición: Miri Páez Bolet- **JIRALLAMAS LLC**
Producción: Juan Carlos Torna

ISBN No. 979-889766185-5

GUÍA MUSICAL PARA PADRES

LAUREN CONDE CASTILLO

Agradecimientos

En primer lugar, quiero agradecer a las personas en quienes me inspiré y que son la razón de este libro: los padres de todos mis alumnos. Gracias por confiar en mí y en la enseñanza musical, por apoyar el desarrollo artístico de sus hijos y por permitirme ser parte de su crecimiento. Su compromiso con la educación y la música es la verdadera motivación detrás de este proyecto.

Quiero hacer un agradecimiento especial a la persona que ha estado a mi lado toda la vida y que me ha impulsado a hacer este trabajo y este sueño realidad. A mi esposo, Juan Carlos Torna, por su apoyo incondicional, por creer en mí incluso cuando yo dudaba, y por ser parte esencial de la producción de este libro. Sin ti, este proyecto no habría sido posible.

A mi familia, que desde pequeña me apoyó en mi carrera musical y que ha sido el pilar sobre el cual he construido mi camino. A mi mamá, por su amor infinito y por ser mi ejemplo de fortaleza y dedicación. A mi papá, mi abuelo y mis tías, por estar siempre presentes y por impulsarme a alcanzar mis sueños. Hoy puedo escribir este libro gracias a ese respaldo inquebrantable que me dieron desde mis primeros pasos en la música.

A mi amiga y editora, Miri Páez Bolet, quien no solo me ayudó a dar forma a este libro, sino que también me enseñó a vencer la procrastinación. Gracias por empujarme a terminarlo, por tu paciencia, tu visión y por ser una guía en este proceso.

Y, por supuesto, a alguien muy especial, la persona que hizo de mí lo que soy hoy, quien me inició en el camino de la música y a quien quiero dedicar este libro: mi abuela Magaly Mayor, Mimi. Ella fue una persona estricta, exigente y con una disciplina inquebrantable. Me llevaba muy duro, pero fue precisamente esa rigurosidad la que me forjó y me dio la fortaleza para llegar hasta donde estoy hoy. Su dedicación y su carácter marcaron mi camino, y por eso le debo una gran parte de todo lo que he logrado.

A todos ustedes, gracias.

Con gratitud,
Lauren

ÍNDICE

Prólogo

Ay, la delicada vocación de los niños. Las vocaciones, a veces, se transmiten de padres a hijos como un destino irrenunciable y es gran suerte. En estos casos se suman genética y entorno y resultan así muy gloriosas familias de neurocirujanos, de joyeros o de registradores de la propiedad inmobiliaria. Con la música pasa lo mismo: Mozart era el hijo de Leopoldo y Bach el hijo de Johann Ambrosius y está bien que así fuera pero,,, ¿y nosotros? ¿Qué pasa, entonces, con nosotros, los diletantes, que sentimos la atracción de la música y queremos contagiar a nuestros hijos pero no sabemos lo suficiente para tocar en un cuarteto de cámara?

Y en esas que me escribe Lauren, la profesora de Gabriela, mi propia profesora en el exilio, después de tanto tiempo, ay, Madrid, Miami, Habana eterna, de pronto, en cuatro líneas. Me escribe Lauren, la profe de Gabriela, que ha hecho un libro. Su libro. Que quiere que se lo prologue yo, que no vengo de ninguna familia de escritores (seguimos en las mismas). Que sí, que me va a gustar. Y me pongo con el libro, poco a poco, a ver qué dice. Y va y me gusta mucho el libro de Lauren, detallado, revelador, divertido incluso, como alumno y como padre de alumna (o sea, dos veces perdido), huérfanos los dos de profesora, que me manda su libro a mí, que no sé nada de escribir prólogos.

Y resulta que el libro está muy bien. Se lee solo. Está lleno de sentido común y de amor por la música. De consejos acertados y de experiencias vividas. Está lleno de Lauren, que escribe como habla y vive, con pasión contagiosa por la música y la infancia. La intención es exhaustiva pero el libro no deja de ser ameno. Están las respuestas que uno busca pero no hay rastro de pedantería. Y eso, mientras se trata de aprender el valor del puntillo o el secreto de las tonalidades, se agradece.

Hay familias de médicos, de diplomáticos y de pianistas. Lauren y yo no pertenecemos a ninguna, outsiders absolutos, y por eso me gusta escucharla, sus explicaciones, sus historias, saber por qué misteriosos caminos ha dado en lo que hoy es: Mimi sentada a la puerta del conservatorio y dos tíos calle arriba con un piano a cuestas. Está todo aquí dentro, qué es el oído absoluto y qué instrumentos evitar en la primera infancia. A qué edad comenzar las clases y cómo elegir un profesor. La música como experiencia total, como algo que es a la vez cerebro y corazón de los mortales, el hilo conductor de una existencia, la infancia ante un piano, el amor adolescente, la vocación irrenunciable de una vida. El porqué y el cómo.

Si tu hijo tiene la suerte de haber nacido en una familia de violinistas, mi más sincera enhorabuena. De lo contrario, detente un segundo, ábrelo y lee: este libro es para ti.

Dr. Lawrence Garro

Introducción

Si estás leyendo este libro, es porque probablemente tienes interés en ayudar a tu hijo en sus estudios de música. Y si es así, quiero decirte que ya has dado un paso muy importante. Este libro es una guía pensada para padres, abuelos y familiares que desean orientar a un niño en el camino musical, pero que a menudo se encuentran con dudas y no saben por dónde empezar.

Como maestra, a diario recibo preguntas de padres que quieren apoyar a sus hijos en la música pero se sienten perdidos. "¿Cómo lo ayudo a estudiar en casa si yo no sé nada de música?", "¿Qué instrumento es mejor para empezar?", "¿Cómo sé si el maestro es el adecuado?", "¿Cuántas horas debe practicar?", "¿Cómo hago que no pierda el interés?"... Estas y muchas otras inquietudes son las que me han motivado a escribir este libro, porque sé que la música es un mundo vasto y, para quienes no han tenido una formación musical, puede parecer un territorio desconocido.

Desde mi experiencia como alumna y como maestra, sé lo difícil que puede ser este proceso para las familias. Recuerdo con cariño a mi abuela sentada junto a mí mientras practicaba piano, creyendo que estudiar era simplemente hacer sonar el instrumento sin pausa durante horas. Ella no sabía qué debía escuchar, ni cómo podía ayudarme, pero tenía la mejor intención del mundo. Hoy en día, tenemos muchas más herramientas e información para que la educación de nuestros niños sea más efectiva y enriquecedora. Y justamente, mi objetivo con este libro es brindarles esas herramientas.

Aquí encontrarán respuestas a muchas de las preguntas que surgen cuando un niño comienza su educación musical. Desde qué es la música y cómo influye en nuestras vidas, hasta cómo iniciar a los más pequeños, qué instrumentos son recomendables, cómo elegirlos y comprarlos, cómo ayudarlos a estudiar paso a paso y cómo fomentar un entorno que potencie su desarrollo musical.

También he querido incluir información sobre la influencia de la música en niños con necesidades especiales y la importancia de la cultura musical en su formación.

Algo que me ha parecido fundamental es ofrecerles una guía práctica. No solo quiero que este libro sea informativo, sino que realmente les sirva como un recurso al que puedan recurrir cuando lo necesiten. Por eso, también encontrarán nociones básicas sobre notación musical, géneros y estilos, para que incluso aquellos padres que no tienen formación musical puedan sentirse más seguros a la hora de acompañar a sus hijos en este proceso.

Sé que cada niño es diferente, que cada familia tiene su propia dinámica y que no hay una única manera de hacer las cosas. Pero todo lo que he recopilado aquí está basado en años de enseñanza, en observación, en experiencia y, sobre todo, en el amor que siento por la música y por la educación. Puede que no todas las opiniones sean unánimes, puede que algo falte, pero les aseguro que cada palabra ha sido escrita con el deseo genuino de ayudar.

Por eso, les invito a leer este libro con calma, a releerlo cuando lo necesiten y, sobre todo, a aplicar lo aprendido. Porque la música no solo forma músicos, forma seres humanos más sensibles, disciplinados y creativos. Y como padres, tienen en sus manos la hermosa oportunidad de brindarle a sus hijos un regalo invaluable: el acceso a un mundo lleno de armonía, expresión y aprendizaje.

Lauren Conde Castillo

Capítulo 1.

¿Qué es la música y cómo impacta nuestra vida?

Ludwig van Beethoven, genio de la música, expresó una vez:

"*La música es una revelación más alta que toda la sabiduría y la filosofía. ¿Qué sería de nosotros sin ella? Nos eleva por encima de todo lo que nos duele, nos consuela en la tristeza, nos da alas para volar cuando la vida pesa. Sin música, el alma se marchitaría y el mundo sería un lugar vacío, carente de emoción y belleza.*"

Esta frase captura la esencia de la música como una fuerza transformadora que nos une y nos conecta con lo más profundo de nuestra humanidad.

¿Alguna vez has pensado qué sería de nuestra vida sin música? Es difícil imaginarlo, ya que está presente en todas partes: en el ritmo de nuestros pasos al caminar, en el *tic-tac* del reloj, en la naturaleza con el canto de los pájaros, en el sonido del teléfono, la televisión, la radio, el tráfico e incluso en la lavadora al finalizar su ciclo. La música nos rodea constantemente, por lo que comprenderla y conocer sus beneficios es fundamental.

Según el *Diccionario de la lengua española* de la Real Academia Española (RAE), la música se define como el "*arte de combinar los sonidos conforme a las leyes de la melodía, la armonía y el ritmo, o de producirlos con instrumentos, o de ejecutarlos por la voz*".

Esta definición destaca la música como una manifestación artística que organiza sonidos siguiendo principios específicos, ya sea a través de instrumentos musicales o de la voz humana. En mi opinión, su impacto va mucho más allá de la teoría: la música es una parte esencial de nuestra identidad y experiencia.

El origen de la música es tan antiguo como la humanidad misma. Debido a la naturaleza efímera de los sonidos, no existen registros arqueológicos precisos de sus primeras manifestaciones. No obstante, diversas teorías y hallazgos nos permiten trazar un panorama sobre su evolución.

Desde el vientre materno, nuestro corazón late con un ritmo preciso y una cadencia constante, lo que sugiere que la música está intrínsecamente ligada a nuestra existencia. En los albores de la humanidad, nuestros ancestros comenzaron a explorar el sonido utilizando su voz y el cuerpo como instrumentos. Cantos, gruñidos y percusiones corporales pudieron haber surgido como formas primarias de comunicación, socialización y expresión emocional. Hoy en día, estas formas de abordar la música se continúan utilizando en la pedagogía musical para trabajar el ritmo, coordinación y expresión corporal en los niños. Una teoría ampliamente aceptada sostiene que la música nació de la imitación de los sonidos de la naturaleza, como el viento, la lluvia o el canto de los pájaros. Con el tiempo, estas expresiones vocales y rítmicas evolucionaron, convirtiéndose en elementos fundamentales de rituales, ceremonias y actividades comunitarias.

Con su curiosidad innata, el ser humano comenzó a crear los primeros instrumentos musicales a partir de materiales naturales como piedras, huesos y conchas. Los instrumentos más primitivos fueron de percusión, como piedras golpeadas entre sí o troncos huecos usados como tambores. También surgieron los primeros instrumentos de viento, creados con huesos perforados para producir sonidos al soplar a través de ellos.

Uno de los hallazgos más antiguos en este campo es la flauta de Hohle Fels, descubierta en Alemania. Fabricada con el hueso del ala de un buitre, tiene aproximadamente 42 000 años de antigüedad, lo que la convierte en uno de los instrumentos musicales más antiguos conocidos. Otras flautas similares, hechas de huesos de mamíferos y aves, han sido encontradas en diferentes regiones de Europa, lo que sugiere que la música formaba parte de la vida cotidiana desde tiempos prehistóricos.

A medida que las civilizaciones avanzaron, también lo hizo la música. En culturas antiguas como Egipto, Mesopotamia, Grecia y China, la música adquirió un papel central en la religión, la educación y el entretenimiento. Se desarrollaron sistemas musicales más complejos y comenzaron a establecerse teorías sobre la armonía, el ritmo y la notación musical, sentando las bases para el posterior desarrollo de este arte.

Aunque su origen exacto sigue siendo un misterio, es innegable que la música ha acompañado a la humanidad desde sus inicios, evolucionando con nosotros e impactando nuestras vidas hasta el día de hoy.

En la actualidad, contamos con una gran cantidad de información y recursos que nos permiten aprovechar al máximo los beneficios de la música.

Antes de detallar dichos beneficios, es importante comprender qué es la música, cómo está compuesta y cuáles son sus principales elementos de forma sencilla.

Elementos fundamentales de la música

1. Melodía: El Corazón de la Música

Si te pido que pienses en tu canción favorita, seguramente podrás recordarla y cantar al menos una parte. Eso que tarareas es la melodía: una sucesión de sonidos organizados que crean una idea musical reconocible. Es el elemento más memorable de una composición y, en muchas culturas, el núcleo de la expresión musical. A través de la melodía, se transmite la esencia de una obra.

2. Ritmo: La Pulsación de la Vida

El ritmo es la organización de los sonidos en el tiempo. Es lo que seguimos al bailar, aplaudir o marcar un compás con los pies. Es la base de la música y está presente en todos los aspectos de nuestra existencia: en el latido del corazón, la respiración y los ciclos naturales. Nos permite sentir la música físicamente, sincronizar nuestros movimientos y conectar con otros a través de la danza o la percusión.

3. Armonía: La Profundidad del Sonido

La armonía surge cuando se combinan sonidos simultáneamente, generando sensaciones de estabilidad o tensión. Un acorde, por ejemplo, es un conjunto de tres o más notas que suenan al mismo tiempo y enriquecen la melodía. A lo largo de la historia, el desarrollo de la armonía ha permitido la evolución de distintos estilos musicales, desde la sencillez de los cantos gregorianos hasta la complejidad de la música sinfónica. La armonía aporta riqueza y profundidad a la música, creando matices sonoros y atmósferas emocionales únicas.

4. Timbre: La Identidad Sonora

El timbre es la cualidad que nos permite diferenciar un piano de un violín, o la voz de una persona de otra, incluso si tocan o cantan la misma nota. Depende de la estructura armónica de cada sonido y de la forma en que se produce. Por ejemplo, el timbre de un arpa es suave y delicado, mientras que el de una trompeta es brillante y potente. Aunque ambos sean instrumentos musicales, interpretar la misma melodía en uno u otro cambiará por completo el carácter de la obra.

5. Dinámica y Expresión: El Alma de la Interpretación

La música no es solo una combinación de notas, sino también la manera en que estas son interpretadas. Piensa nuevamente en tu canción favorita: probablemente tenga partes más suaves y otras más intensas. La dinámica (variaciones en la intensidad del sonido) y la expresión (los matices y acentos aplicados a cada nota) convierten una simple partitura en una experiencia viva. Un mismo tema musical puede transmitir emociones muy diferentes según cómo sea interpretado.

Ahora que tenemos una idea general de la música, sus componentes y su origen, es momento de hablar de lo más importante: sus beneficios y cómo impacta en nuestras vidas.
Los efectos de la música en nosotros son innumerables, y su influencia en nuestro cerebro es realmente fascinante. Nos acompaña en cada etapa de la vida, en momentos felices y difíciles: en celebraciones, duelos, instantes de concentración, aprendizaje, reflexión o entrenamiento. Su capacidad para influir en nuestra mente y en nuestra interacción con el mundo es innegable.

La música y las emociones

La música tiene el poder de hacernos sentir sin necesidad de contacto o palabras. Una canción puede transportarnos a un recuerdo lejano, evocar a un ser querido, llenarnos de nostalgia o felicidad, o incluso cambiar nuestro estado de ánimo con un ritmo vibrante. Es un elemento clave para transmitir emociones; basta con pensar en el cine: una escena emotiva con la música equivocada perdería gran parte de su impacto.

Hagamos un ejercicio: ¿Has escuchado *My Heart Will Go On* de Celine Dion? Si la oyes ahora mismo, ¿qué es lo primero que te viene a la mente? Probablemente la icónica escena de *Titanic* y, quizá, alguna que otra lágrima.

Esta profunda conexión entre la música y las emociones se debe a la activación del sistema límbico, la región del cerebro encargada de procesar sentimientos y recuerdos. Por ello, la música es un componente esencial de nuestra vida emocional:

- Nos ayuda a gestionar nuestras emociones y expresar lo que, en ocasiones, las palabras no pueden.
- Brinda consuelo en momentos de tristeza y nos motiva en tiempos de dificultad.
- Nos permite conectar con otras personas sin importar el idioma, ya que las emociones son un lenguaje universal.

La música y el desarrollo cognitivo

El aprendizaje musical no solo desarrolla habilidades artísticas, sino que también fortalece el cerebro de múltiples maneras:

- Mejora la capacidad de atención, enfoque y concentración.
- Desarrolla el pensamiento lógico y la resolución de problemas.
- Fortalece la memoria y la coordinación motora.
- Fomenta la creatividad y el pensamiento abstracto.
- Tiene una estrecha relación con la memoria.

Un ejemplo conmovedor de esta conexión es el caso de la madre de una de mis alumnas, quien padece Alzheimer y tiene más de 90 años. A veces, me gusta tocar el piano para ella, y siempre me llena de ternura y asombro ver su reacción. Aunque no me recuerda, y su memoria en general es frágil, cada vez que interpreto una de sus canciones favoritas, la canta completa, afinada y sin errores. Sin embargo, al terminar, me mira y pregunta: "¿Y ella quién es? Es muy simpática."

Este momento, tan impactante, demuestra el enorme poder de la música. Es un puente que la reconecta con el mundo, una chispa que enciende recuerdos que parecían perdidos. Esto se debe a que la música activa múltiples áreas del cerebro, incluyendo aquellas vinculadas a la memoria a largo plazo. De hecho, en pacientes con Alzheimer, la música se emplea como terapia, ya que ha demostrado ser una herramienta eficaz para estimular recuerdos que parecían olvidados.

La música como terapia

La musicoterapia es una disciplina que emplea la música con fines terapéuticos. Numerosos estudios han demostrado que la música puede:

- Reducir el estrés.
- Disminuir la sensación de dolor.
- Mejorar el estado de ánimo, especialmente en pacientes con depresión.
- Favorecer la rehabilitación en personas con trastornos neurológicos.

En el ámbito de la salud, se utiliza como complemento en diversos tratamientos, contribuyendo al bienestar físico y emocional de los pacientes. A lo largo de la historia, su influencia en nuestra salud ha sido ampliamente reconocida.

Tuve un alumno con trastorno del espectro autista que no hablaba, pero se comunicaba a través de la música. Era capaz de reproducir cualquier melodía que escuchaba con una precisión asombrosa. Más adelante profundizaremos en cómo la música beneficia a los niños con necesidades especiales, pero este ejemplo ilustra su poder como medio de comunicación.

La música y la cultura

Cada cultura ha desarrollado su propia música, convirtiéndola en un símbolo de identidad. Basta con escuchar una ranchera para saber, sin necesidad de verlo, que proviene de México. La música transmite tradiciones de generación en generación, fortaleciendo el sentido de pertenencia. Además, ha sido una fuerza de cambio social, utilizada en movimientos políticos, religiosos y artísticos como expresión de libertad, evolución e identidad.

Conclusión

La música no es solo un arte o una forma de entretenimiento, es una necesidad humana, el lenguaje más antiguo que nos une y nos define. Nos acompaña en cada etapa de la vida, influye en nuestras emociones, en nuestro cerebro y en nuestra relación con el mundo. Es la expresión más pura y universal de lo que somos.

Capítulo 2.
Quiero que mi hijo estudie música.
Mi experiencia personal.

No es nuevo para nadie, y ya lo comentamos recientemente, que la música tiene innumerables beneficios para el desarrollo humano, sobre todo si se comienza a temprana edad. Son muchos los estudios científicos que demuestran el enorme poder que tiene la música en nuestro cerebro. Por ello, es imprescindible incluirla en la educación de los niños.

Si bien es cierto que la música forma parte de nuestra vida y debemos incluirla como algo fundamental y básico en la formación de nuestros hijos, también debemos tener claro que, como carrera, es un camino complicado y no siempre fácil.

Como pianista y profesora, en muchas ocasiones me han preguntado: *¿Qué estudiaste?* Y cuando respondo *música* o *piano*, la siguiente pregunta suele ser: *Sí, pero ¿qué carrera?* Esto, para un músico que ha pasado años estudiando, no es agradable. No podemos negar que la carrera de música, en algunos lugares, no está bien valorada. Por eso, cuando los padres me comentan que quieren que su hijo/a estudie música en un Conservatorio (centro especializado en la enseñanza musical integral), me gusta explicarles con exactitud lo que esto conlleva.

Siempre les doy el mismo consejo: la música es para todos; estudiar música debería estar al alcance de todos, pero dedicarse profesionalmente a ella no es tarea fácil. No es una carrera sencilla: requiere mucho tiempo, dedicación y disciplina. Me gusta compararla con el deporte: mientras más entrenes, más resultados tendrás. Estudiar un instrumento de manera profesional implica horas y horas de práctica, solamente del propio instrumento, además de materias complementarias como solfeo, teoría de la música, historia de la música, armonía, entre otras.
Por ello, me parece importante tocar este punto y dejar claro a los padres que, si bien estudiar música debería ser obligatorio y formar parte de la educación de todos los niños, llevarlo al siguiente nivel de manera profesional no es un camino fácil. Hay

que ser consciente y asumir los sacrificios que ello conlleva. Con esto no quiero desanimar a nadie a elegir una carrera musical; simplemente quiero enfatizar que requiere el mismo esfuerzo, o más, que otras carreras.

Hago énfasis en este punto porque, muchas veces, los padres tienen la idea de que su hijo estudie en un conservatorio como algo complementario mientras cursa otra carrera universitaria. Esto es verdaderamente difícil; no imposible, pero sí muy sacrificado. Ahí es donde entra lo que mencioné antes: muchas veces no se toma la música como una carrera principal, sino como un complemento.

Por ello, en lo personal, recomiendo que, si el estudio de un instrumento será solo un complemento o un hobby, y no se planea dedicarle el 100%, es mejor conocer de antemano los sacrificios que esto conlleva y estar preparados antes de tomar el camino del estudio profesional en un conservatorio.

Siempre hablo mucho con los padres sobre mi abuela y la influencia que tuvo en mi vida musical. Mi abuela no tenía idea de absolutamente nada referente a la música; ella solo tenía clara una cosa: había que sacrificarse y no había excusas. Si mi maestra decía que debía estudiar dos horas diarias, ella solo sabía que yo debía estar sentada en el piano esas dos horas sin interrupción. De lo contrario, me esperaba una buena reprimenda. Comprendo que eran otros tiempos, pero, honestamente, este sistema a mí me ayudó. Como dirían popularmente: podemos cuestionar el método, pero no el resultado.

Recuerdo mi época de estudiante como un cúmulo de emociones, buenas y no tan buenas. Comencé mis estudios musicales a los cuatro años. De pequeña me gustaba pararme en la ventana de mi casa a cantar. Me encantaba una canción de una telenovela que se transmitía en aquel entonces llamada *Café con aroma de mujer*; la canción se llamaba *Gaviota*, si mal no recuerdo. Yo me emocionaba mucho cantándola, y al parecer tenía buen volumen, porque una vecina —que hoy es profesora de música— le comentó a mi abuela que yo era afinada, que cantaba bien y que debería considerar inscribirme en clases de música.

Ahí comenzó todo. Mi abuela no esperó y enseguida me llevó a la Casa de la Cultura y me anotó en clases de coro y piano. Honestamente, odiaba las clases de coro porque era la última en entrar; todos los niños se conocían, se sabían las canciones y yo no. Las de piano me gustaban más, pero creo que el hecho de que la Casa de la Cultura estuviera en ruinas no ayudaba mucho; parecía una casa del terror. Era un lugar enorme y oscuro. La verdad es que, por alguna razón que ahora mismo no recuerdo (y que tampoco tuve tiempo de preguntarle a mi abuela), me sacó de esas clases y me llevó con una amiga suya que daba clases de piano.

Jamás olvidaré a esa señora. Se llamaba Nilda. Era muy bajita, de unos 65 años, pero para mí tenía más de 100. No tenía cejas y su carácter era tal que yo temblaba cada vez que iba a sus clases. Nos quedaban bastante lejos de casa, así que había que hacer largos viajes para llegar. Imagínese Cuba en 1996: ir del Vedado a La Habana Vieja en *guagua*. Pero ahí no se faltaba. Algo bueno que tenía mi abuela: jamás falté a una clase.

Recuerdo un día en particular: todo el país estaba expectante porque se transmitía el último capítulo de una novela llamada *Aguas mansas* a las tres de la tarde. Todo el mundo estaba sentado frente al televisor, ya que no había forma de volver a ver ese capítulo. ¿Y dónde creen que estaba yo? Exactamente: en casa de Nilda, con mi abuela al lado, quien le había dado toda la autoridad para exigirme como era debido en clase.

Honestamente, no puedo dar una valoración justa de la pobre

Nilda, porque para mí, en aquel entonces, era un demonio. Pero recuerdo vagamente que su metodología no estaba mal; creo que su duro semblante era lo que no ayudaba mucho.

Mi abuela Mimi se enteró de que las inscripciones para las pruebas de ingreso al conservatorio estaban a punto de abrir, así que me anotó en otro taller para prepararme.

Estudiar en un conservatorio en Cuba —al menos en mi experiencia en el Conservatorio Manuel Saumell, en La Habana— no era cosa fácil. Hacían pruebas de aptitud y musicalidad de los estudiantes antes de aceptar la matrícula, luego un taller por unos meses en el que iban descartando a los de menor puntuación, a partir de exámenes eliminatorios según el criterio de un tribunal. Los que quedaban al final debían presentar otra prueba. Algo así como el programa *The Voice*. Al final, solo unos pocos éramos aceptados.

Yo tuve la suerte de prepararme un poco antes. Mimi me llevó a ese taller en La Habana Vieja que mencioné antes. Me acuerdo perfectamente de que era una casa en alto. Había que tocar un timbre y te abrían con una cuerda que bajaba por el borde de la escalera hasta el llavín de la puerta, un sistema ingenioso con el que todos los cubanos de esa época estamos familiarizados.

Luego de subir esa inclinada escalera, que daba vértigo, nos recibía una señora muy simpática llamada Carola. Todos los alumnos estábamos apretados entre adornos y altares religiosos, ya que el espacio era reducido. Pero ahí comenzó mi amor por la música.

Recuerdo que hacíamos muchos ejercicios de percusión corporal, ritmos con claves, memoria y repetición. Yo esperaba con ansias ese día de la semana. Solo podía ir una vez, aunque quería más, porque la economía no daba para pagar otra clase. Mi mamá se las ingeniaba para que esas clases nunca faltaran.

Llegó el día de la prueba de acceso. Un grupo de profesores, todos serios y atentos, observaban con expresión neutra, excepto por una cara sonriente que resaltaba entre todas las demás. Después de un par de ejercicios de coordinación, memoria y ritmo, me preguntaron qué instrumento quería estudiar. Respondí piano, y como segunda opción, violonchelo, ya que si no había plaza para el primero, podías optar por el segundo.

Al finalizar, la cara sonriente dijo: "Yo la quiero para mí." Esa cara sonriente pertenecía a la persona que me enseñó a amar el piano y que me acompañó y formó hasta los 15 años: mi maestra Mayra Torres. Para mí, es la mejor maestra que ha existido nunca. Tenía todo lo que un alumno puede desear en un maestro. Creo que, en parte, siempre intento ser como ella con mis propios alumnos.

Mi maestra Mayra era muy cariñosa. Si hacía las cosas bien, me lo celebraba con besos y abrazos; si no había estudiado lo suficiente, me regañaba—y bien merecido lo tenía—, pero de una manera difícil de explicar. Solo sé que me dolía más fallarle y verla molesta conmigo que el regaño en sí. Era muy celosa conmigo, tal como lo soy yo con mis alumnos.

En aquella época, era común que los estudiantes que pudieran permitírselo tuvieran un profesor particular que les ayudara a estudiar y repasar. En mi caso, mi abuela, que cuando se le metía algo en la cabeza iba con todo, decidió que yo debía estudiar aún más y me buscó una profesora llamada Patricia. Patricia era un cielo, muy dulce. Me encantaba ir a su casa los sábados por la mañana, en La Habana Vieja, por supuesto. No sé qué tiene La Habana Vieja, pero debe tener lo suyo.

Antes de cada clase, me entretenía leyendo los libros de aventuras que ella tenía. Su casa era preciosa: un salón enorme con altas columnas de mármol y un piano de cola bastante viejo, pero hermoso. Algunas teclas habían perdido su recubrimiento y se sentían rugosas bajo los dedos. Al finalizar cada clase, me compraban un helado de chocolate en cono.

Pero a mi maestra Mayra no le hizo ninguna gracia que yo tomara clases con Patricia. Y la entiendo perfectamente. Como maestra, es difícil compartir la enseñanza de un alumno con otra profesora. Cada una tenía su propio criterio y metodología, y terminaban cuestionándose mutuamente, conmigo en medio. Al final, mi abuela decidió darme de baja de esas clases. La cosa no iba a terminar bien, y era mejor no enfadar a Mayra, que al final era mi maestra oficial.

Mi relación con Patricia, sin embargo, no terminó ahí. Años más tarde, en el nivel medio, ella volvió a ser mi profesora. Pero esa ya es otra historia, que espero poder contar más adelante si la narrativa me lo permite.

Mis primeros años de estudio fueron muy sacrificados. Empezaba las clases muy temprano, mi abuela me llevaba a la escuela y, para llegar a las 8, había que salir de casa antes de las 7. Quienes vivieron en Cuba sabrán que el transporte público no tiene horarios fijos y suele dar muchas sorpresas, no precisamente agradables. Al llegar, teníamos todas las materias regulares: matemáticas, lengua, historia, etc., en una escuela relativamente cerca del conservatorio. Mimi aprovechaba para ir a casa a preparar el almuerzo, y a las 12, como un reloj, estaba de vuelta, porque, para más complicación, yo no almorzaba en el comedor de la escuela. Después de almorzar con ella, prácticamente en la calle, ya que nos sentábamos en el borde de la acera, porque ella no podía entrar a la escuela, continuaba con las materias de música. Hacíamos una larga fila, y una asistente de profesora, a quien todos llamábamos "tía," nos llevaba en fila de la escuela al conservatorio. Allí comenzaban las clases de piano, solfeo, apreciación musical, etc.

Mimi, por supuesto, guardiana al fin, se sentaba toda la tarde en la acera junto con otros padres igualmente sobreprotectores, hasta que las clases terminaban, sobre las 5 o 6, dependiendo del día y la carga de materias.

Todo el que estudió conmigo conoce a mi abuela. Mimi fue famosa en Manuel Saumell, no precisamente por ser muy simpática. Tenía ojo de halcón: cada vez que estábamos jugando en el patio y alguien hacía algo indebido, típico de niños de 8 o 9 años —gritar, subirse en un muro, saltar los escalones de 2 en 2— ella se acercaba y, por la reja, me decía que no podía hacerlo y que lo iba a contar a la madre del travieso que fuera el protagonista de la acrobacia. Mimi no era fácil, pero todos la querían y era más que famosa. Eso sí, en un par de ocasiones, consiguió que nadie quisiera jugar conmigo por miedo a que apareciera Mimi a regañarnos. Ahora mis compañeros y yo nos reímos mucho recordando esas anécdotas. Yo, eternamente agradecida por el sacrificio de mi abuela, aunque en su momento, me hizo enojar más de una vez.

Al llegar a casa, la rutina era la misma: tareas, baño, comida y a practicar, porque el piano es como un deporte; si no estudias todos los días, no desarrollas tus habilidades. Y ciertamente, los objetivos en el conservatorio eran difíciles: los exámenes y audiciones eran recurrentes. Había que estudiar todos los días. Muchas veces miraba por la ventana a mis amigos del barrio jugando fuera, mientras yo no podía salir. Ya era común que vinieran a mi casa a preguntar por mí, y Mimi salía y decía: "Ella no puede salir, tiene que estudiar." Al principio fue un golpe duro, porque prácticamente perdí mis amistades de toda la vida, con las que crecí en el barrio. Luego, fui haciendo nuevos amigos en la escuela, con los mismos intereses y el mismo horario.

La parte más difícil fue la adolescencia. Ya no hacía tanta gracia que Mimi fuera a la escuela todos los días. Entonces, mi mamá, que era más joven, simpática y le caía muy bien a mis amigas, comenzó a reemplazar a Mimi en su rol de vigilante protectora. Ya podía ir y venir sola à la escuela, pero mi mamá siempre se las arreglaba para estar por ahí. Era muy amiga de la directora, de las maestras y de mis amigas. Creo que mi facilidad para socializar la saqué de ella. Pero no se crean, Mimi seguía gobernando en las sombras.

Cuando comencé con mi primer novio, que es mi actual esposo, el amor de mi vida, y el único capaz de aguantar el dúo dinámico de Mimi y mi mamá, los primeros tiempos fueron complicados. Tenía que estudiar y no podía tener la típica vida social de adolescente y noviazgo. Mi abuela, cuyo único objetivo era que yo estudiara, le abrió una guerra abierta al pobre muchacho. Él, más inteligente, terminó sentado al lado mío, escuchándome practicar por horas, acompañándome a todas las clases, y ayudándome en mis momentos de flaqueo, típicos de la adolescencia, a continuar y sacar la carrera adelante. Al final, lo que nos unió aún más, fue y continúa siendo el amor por la música.

Mi carrera en general se vio marcada por el sacrificio, el esfuerzo y los altibajos tanto emocionales como académicos. Pero lo que realmente marcó la diferencia fue el apoyo de todos los que me rodeaban, quienes me empujaron a seguir adelante, a pesar de todo. Sin ellos, hoy no estaría aquí.

Hemos explorado los sacrificios que implica el estudio profesional de la música y he compartido parte de mi experiencia como estudiante. Sin embargo, más allá del esfuerzo y la disciplina que requiere, la música deja una huella profunda y duradera en quienes la estudian desde la infancia. Ahora quiero detenerme en los innumerables beneficios que aporta a los niños, beneficios que los acompañarán, como a mí, toda la vida.

Capítulo 3.
Beneficios de la música en los niños.

Hemos explorado los sacrificios que implica el estudio profesional de la música y he compartido parte de mi experiencia como estudiante. Sin embargo, más allá del esfuerzo y la disciplina que requiere, la música deja una huella profunda y duradera en quienes la estudian desde la infancia. Ahora quiero detenerme en los innumerables beneficios que aporta a los niños, beneficios que los acompañarán, como a mí, toda la vida.

Estimulación cognitiva

La exposición temprana a la música actúa como un gimnasio para el cerebro infantil. Aprender canciones o tocar un instrumento fortalece la memoria, la coordinación, la concentración y la atención. Estas habilidades no solo benefician su desempeño musical, sino que también impactan positivamente en su rendimiento académico, especialmente en materias como matemáticas y lectura. Esto se debe a que la música y el lenguaje comparten estructuras neuronales que facilitan la adquisición de habilidades lingüísticas y fonológicas.

Diversos estudios han demostrado que la educación musical tiene un impacto significativo en el desarrollo cognitivo. Por ejemplo, una investigación publicada en *Psychological Science* reveló que los estudiantes que recibieron clases de música mostraron coeficientes de inteligencia más altos en comparación con aquellos que no participaron en formación musical.

Además, un estudio realizado por Gouzouasis y colaboradores encontró que los estudiantes que participaron en actividades musicales entre los grados 7.º y 12.º obtuvieron calificaciones más altas en exámenes de ciencias, matemáticas e inglés en comparación con sus compañeros que no estudiaron música. Este hallazgo sugiere que aprender un instrumento desde una edad temprana y mantener su práctica a lo largo de los años puede adelantar a los estudiantes hasta un año académico en habilidades clave.

Estos estudios respaldan la idea de que la educación musical no solo enriquece la formación artística de los niños, sino que también potencia su desarrollo cognitivo en áreas fundamentales del conocimiento.

Música y ciencia: una relación estrecha

A lo largo de la historia, numerosos científicos destacados han mantenido una estrecha relación con la música, ya sea como intérpretes, compositores o teóricos. Su ejemplo demuestra cómo la música puede potenciar el pensamiento lógico, la creatividad y la capacidad de resolución de problemas. Algunos casos notables incluyen:

Albert Einstein:

El renombrado físico Albert Einstein no solo revolucionó la ciencia con su teoría de la relatividad, sino que también fue un apasionado violinista. Comenzó a tocar el violín a los seis años, influenciado por su madre, y más adelante encontró inspiración en las sonatas de Mozart. Para Einstein, la música no era solo una afición, sino un estímulo intelectual: a menudo tocaba el violín para despejar su mente y encontrar soluciones a problemas científicos complejos.

Max Planck:

El padre de la teoría cuántica, Max Planck, provenía de una familia con una rica tradición musical y era un talentoso pianista y cantante. Aunque optó por la física en lugar de la música, nunca abandonó su pasión por las artes musicales, lo que demuestra cómo la creatividad en la música y la ciencia pueden complementarse mutuamente.

Christian Huygens:

El científico holandés Christian Huygens, conocido por sus contribuciones a la física y la astronomía, también investigó la relación entre las matemáticas y la música. Sus estudios sobre escalas musicales y afinación reflejan la conexión profunda entre ambas disciplinas.

Brian May:

El guitarrista de Queen, Brian May, también es un astrofísico de renombre. Aunque interrumpió sus estudios de astrofísica para dedicarse a la música, décadas después completó su doctorado en 2007. Su trayectoria evidencia cómo la formación musical y científica pueden coexistir e incluso enriquecerse mutuamente.

Benjamin Franklin:

Uno de los Padres Fundadores de los Estados Unidos, Benjamin Franklin, además de sus logros en política y ciencia, tenía una profunda conexión con la música. Tocaba el violín, el arpa y la guitarra, e incluso inventó un instrumento, la armónica de cristal, que fue popular en el siglo XVIII.

Estos ejemplos ilustran cómo la música estimula la creatividad y el pensamiento estructurado, dos habilidades esenciales tanto en el arte como en la ciencia. Fomentar la educación musical en la infancia no solo favorece el desarrollo artístico de los niños, sino que también fortalece sus capacidades cognitivas y su potencial en diversas disciplinas del conocimiento.

Desarrollo Emocional

La música es una poderosa herramienta para que los niños exploren sus emociones y expresen sus sentimientos, incluso aquellos que pueden resultar inexplicables o difíciles de comprender para ellos. A través de melodías y ritmos, pueden identificar y comunicar lo que a veces les resulta imposible de verbalizar. Esta expresión contribuye a fortalecer su inteligencia emocional y les permite manejar el estrés y la ansiedad de una manera más efectiva. Al igual que los adultos, los niños también experimentan altibajos emocionales, y actividades como tocar un instrumento, cantar o bailar pueden ser de gran ayuda para mejorar su estado de ánimo.

Una de las actividades que más disfruto en mis clases de iniciación musical es la que llamo *Las mil caras*. Nos sentamos en círculo, yo toco una melodía en el piano y ellos deben identificar si transmite alegría, tristeza, miedo, calma, etc. Luego, deben reflejar esa emoción en su expresión facial. Este ejercicio se puede enriquecer con gestos de las manos o, si los niños son pequeños, lo realizamos de pie con movimientos corporales y danza. Este tipo de dinámicas les ayuda a identificar sus emociones y aprender a gestionarlas, algo que les será de gran utilidad en su vida emocional.

Diversos estudios han demostrado que los niños eligen la música de manera intuitiva según su estado de ánimo: cuando están tristes, optan por melodías más calmadas, y cuando necesitan energía, prefieren ritmos más dinámicos.

Como profesora, he sido testigo de este impacto en mis alumnos a lo largo de los años. En más de una ocasión, he visto cómo niños que llegan a clase con el ánimo bajo terminan saliendo renovados, con alegría y energía, simplemente a través de la música y las actividades adecuadas. Esto demuestra el poder que tiene la música sobre nuestro cerebro y su capacidad para modificar estados emocionales.

Hace algunos años tuve un alumno llamado Diego, a quien cariñosamente llamaba *Dieguín*. Tenía alrededor de siete años y, al inicio, era un niño callado y reservado. En todas mis clases incluyo un ejercicio que considero maravilloso: la composición libre. Animo a los niños a tocar cualquier nota que les surja espontáneamente, y luego los ayudo a armonizar la melodía que crean. Dieguín se entusiasmó con esta actividad y comenzó a componer piezas con regularidad. Un día, creó una melodía especialmente hermosa. Cuando le sugerí que le pusiera un nombre, me pidió tiempo para pensarlo. En la siguiente clase, llegó emocionado y me dijo: "Ya tengo el nombre: *Para Lauren*". Sorprendida, le pregunté si estaba seguro, y me respondió con convicción: "Sí, como Beethoven tiene *Para Elisa*, esta es *Para Lauren*, te la dedico a ti". No pude evitar emocionarme. Le di un fuerte abrazo y, aunque después olvidó cómo tocar la obra, todos estábamos felices: su mamá, orgullosa de su pequeño compositor; él, sorprendido de lo que había logrado; y yo, encantada con mi regalo. Guardo esa partitura con mucho cariño.

Este tipo de experiencias refuerzan mi convicción de que la música, al igual que otras artes, es una vía de escape y un canal para la expresión emocional.

El reto de la frustración

Uno de los desafíos más grandes en la enseñanza musical es la frustración. Quiero detenerme en este punto porque considero fundamental que los padres estén informados, preparados y trabajen en sintonía con los profesores para que esto no afecte negativamente a los niños.

El aprendizaje de un instrumento requiere esfuerzo y dedicación. A menudo, los niños (y a veces también los padres) llegan a clase con la ilusión de tocar una pieza específica desde el primer día, sin ser conscientes de que esto implica un proceso largo. En la era de la gratificación instantánea, es común que los niños se frustren cuando no logran resultados inmediatos. Como educadores y padres, debemos enseñarles que todo en la vida requiere preparación y paciencia.

El estudio de un instrumento les ayuda a lidiar con la frustración y a no desanimarse ante un obstáculo. Los padres deben reforzar la idea de que los altibajos son normales y que perder una batalla no significa perder la guerra.

Honestamente, no sé si los tiempos han cambiado, pero la manera en que mis alumnos experimentan la frustración hoy en día es muy distinta a cómo la viví yo en mi época de estudiante. Cuando participaba en competencias, unas veces ganaba y otras perdía, pero nunca escuché a nadie decirme: "Lo importante es participar". Si ganaba, me felicitaban; si perdía, me decían: "Bueno, si hubieras estudiado más, podrías haberlo hecho mejor. No pasa nada, la próxima vez te preparas más". Luego me hacían felicitar al ganador, y todos terminábamos jugando o yendo a merendar juntos.

Hoy en día, siento que hay un temor excesivo a hacer sentir mal a los niños cuando pierden. Sin embargo, perder es una parte natural de la vida y puede ser una gran lección. No siempre se gana, y eso está bien; lo importante es aprender de la experiencia y esforzarse más la próxima vez.

Recuerdo una ocasión en la que impartía clases en un colegio (que prefiero no nombrar) y se organizó una competencia de música. Cuando pregunté cómo sería la premiación, me dijeron que no habría primeros lugares, que todos serían ganadores solo por participar. Personalmente, no estoy de acuerdo con esta idea. ¿De qué sirve el esfuerzo y el talento si todos reciben el mismo reconocimiento? Los niños deben aprender que el trabajo duro tiene su recompensa, y que la competencia, cuando es sana, los motiva a superarse.

Tengo una alumna a la que quiero mucho, Gabi. Admiro profundamente a sus padres por su forma de criarla. Un día me contó que había participado en un partido de baloncesto y, cuando le pregunté si había ganado o perdido, me respondió con una sonrisa: "Perdimos". Le dije: "Bueno, lo importante es participar", a lo que ella, sin dudar, contestó: "¡Qué va! Mi papá dice que eso lo dicen siempre los perdedores. No importa, hoy perdimos, pero la próxima ganamos".

La inteligencia emocional es un tesoro invaluable. De nuestro estado de ánimo depende nuestra capacidad para expresarnos, canalizar sentimientos y afrontar la frustración. La música es una herramienta poderosa para ayudar a los niños a desarrollar estas habilidades, preparándolos mejor para la vida.

Habilidades Sociales

Participar en actividades grupales ofrece innumerables beneficios para los niños. Fomenta el trabajo en equipo, la coordinación y la capacidad de escuchar. En grupo, las correcciones se toleran mejor, y además, se fortalecen la socialización y la empatía.

Existen muchas actividades musicales grupales en las que los niños pueden participar y aprovechar estos beneficios. Dos de mis favoritas, sin duda, son el teatro musical y la orquesta.

La orquesta y el trabajo en equipo

Cuando trabajé con la orquesta de violines de la academia en España, pude comprobar cómo estos valores se ponían en práctica. En las orquestas, los violinistas realizan lo que llamamos *compartir atril*: por cada dos violinistas, hay un solo atril con la partitura. Uno de ellos pasa la página mientras el otro sigue tocando, evitando interrupciones en la música. Este es un verdadero ejercicio de trabajo en equipo.

Participar en una orquesta es sumamente enriquecedor para los niños. Les genera un sentido de compromiso igual o incluso mayor que el de un equipo deportivo. Aprenden que, por mucho que estudien, si su compañero no lo hizo, el desempeño de la orquesta en general puede verse afectado. Descubren que lo realmente importante es que el conjunto suene bien, no destacar individualmente, y para ello es esencial el compromiso de todos.

Cuando comencé a estudiar violín ya de adulta, se me ocurrió tocar con los alumnos en un recital. Para ello, decidí practicar con la orquesta de los mayores, integrada por niños de entre 10 y 17 años. En los ensayos, mi compañera de atril era Rocío, de 13 años. Yo no tenía experiencia tocando en orquesta; había acompañado y dirigido, pero nunca había estado en el lugar del violinista.

Durante los ensayos, cuando me perdía tocando, Rocío se daba cuenta y enseguida me señalaba dónde íbamos. Era algo muy curioso, pues Rocío era también mi alumna de solfeo, y ahora era ella quien me enseñaba a mí.

El día del recital estaba muy nerviosa. Como profesora, no podía permitirme un error que arruinara la obra. Antes de comenzar, Rocío me dijo: *No te preocupes, si te pierdes, sígueme, yo te ayudo.* Por suerte, todo salió perfecto. Pero ese día aprendí algo valioso: todos, absolutamente todos, tenemos algo que aprender de los niños. Vi en ellos un gran sentido de responsabilidad, cooperación y compromiso. Comprendí que, en actividades como esta, donde el resultado depende de todos, la competencia individual pierde sentido. Aquí, lo importante no es ser el mejor ni sobresalir, sino ayudar a los compañeros, porque el éxito del grupo depende del esfuerzo colectivo.

El teatro musical: una lección de empatía

Otra de las actividades que más me gusta y que, en mi opinión, más aporta a los niños es el teatro musical. Cuando comencé, no imaginaba todo lo que aprendería con esta actividad. Creía que solo trabajaríamos aspectos vocales, de expresividad y memoria.

Sin embargo, con el tiempo descubrí que los niños me enseñaban tanto como yo a ellos.

El primer día de clase tuve un grupo de 15 niños de entre 6 y 11 años. Algunos se conocían bien, pero otros solo de vista en el patio de la escuela. Al principio estaban callados y tímidos. Para romper el hielo, hicimos una dinámica con música donde cada uno decía su nombre, edad, animal y comida favorita.

Entre ellos estaba Diego, un niño con una condición que limitaba su movilidad. Aunque podía levantar los brazos, tenía dificultades para mover las manos y caminar. Para nuestra primera obra elegí *El Rey León*, una de mis favoritas. Decidimos sortear los personajes al azar y a Diego le tocó Rafiki.

Cuando ensayamos la escena en la que Rafiki levanta a Simba, Diego me dijo: *No puedo levantar a Simba, se me cae.* Martina, una alumna de 6 años, escuchó y exclamó: *¡Claro que puedes! Solo necesitamos una cuerda, tengo una idea.* Entre todos buscaron algo útil en el aula y encontraron un pañuelo largo. Lo ataron al peluche de Simba y Diego pudo hacer la escena perfectamente.

Fue increíble ver la espontaneidad con la que lo ayudaban en cada escena. Si había que tirarse al suelo, corrían a apoyarlo sin que yo tuviera que decir nada. Lo habían integrado de tal manera que, después de un par de horas, su limitación pasaba inadvertida, porque él siempre tenía el respaldo de sus compañeros. Nunca tuvimos que cambiar una escena o adaptarla: encontramos soluciones juntos.

Más adelante, cosí una agarradera al peluche de Simba para que fuera más fácil manipularlo, y la obra quedó espectacular. Me sorprendía verlos en el patio ensayando por su cuenta, incluso cuando no estaban en la misma clase ni eran de la misma edad. Con el tiempo, vi a los mayores ayudar a los pequeños en sus tareas. Se creó un vínculo de amistad tan genuino que entendí algo fundamental: los niños no tienen prejuicios. Son generosos y bondadosos por naturaleza.

El valor de los recitales

Otro aspecto fundamental en el desarrollo social de los niños son los recitales. Estos les brindan seguridad y herramientas para mejorar su comunicación y expresividad.

Siempre he insistido en que todos los alumnos, sin importar su edad o nivel, participen en los recitales. Aun como profesional de la música, sigo sintiendo nervios al subir a un escenario. Es por eso que me parece crucial enseñar a los niños a controlar esa ansiedad para que no afecte su desempeño.

Muchos alumnos con un talento excepcional no se atreven a mostrarlo en público por vergüenza. Es comprensible: estar en el centro de un escenario, con cientos de personas observando en silencio, impone respeto. Pero el sentimiento de satisfacción después de una presentación es incomparable.

Nunca obligo a los niños a participar, pero sí los animo a hacerlo. Para ayudarles, organizamos pequeños recitales en casa, en la academia y frente a familiares y amigos. De esta manera, se acostumbran a la exposición pública.

Este aprendizaje tiene un valor incalculable. En su vida adulta, todos enfrentarán situaciones donde deberán hablar en público: exposiciones escolares, entrevistas de trabajo, presentaciones profesionales. La música les brinda herramientas para afrontarlas con confianza.

En general, la música es una herramienta poderosa en la formación de los niños. Estas experiencias colectivas no solo refuerzan habilidades sociales, sino que también crean un sentido de pertenencia y comunidad esencial para su desarrollo. A través del teatro, la orquesta y los recitales, los niños aprenden que el éxito no es individual, sino compartido. Y, lo más importante, nos recuerdan que siempre podemos aprender de ellos.

Creatividad e imaginación

La música es una poderosa herramienta para alimentar la imaginación y creatividad de los niños. Como mencioné antes, me encanta hacer en clase el ejercicio de componer piezas. Muchas veces, los niños creen que no son capaces de crear una obra musical, así que, cuando lo logran, se sienten sumamente orgullosos. Esto despierta en ellos un interés por la creación que les ayuda posteriormente en el resto de sus materias escolares.

A veces he considerado la idea de hacer un libro de partituras con las obras que mis alumnos han creado; sería interesante. Cuando terminan de componer su pieza, los animo a buscar un título. Muchas veces, los nombres son tan graciosos que podríamos pasar horas solo leyendo los títulos de las canciones y escuchando a los niños explicar por qué eligieron ese nombre. La imaginación infantil, cuando se estimula, no tiene límites.

La música despierta la creatividad innata de los niños. Al improvisar melodías o inventar letras, expanden su imaginación y encuentran nuevas formas de expresión. Este impulso creativo se refleja en otras áreas de su vida, estimulando la resolución de problemas y el pensamiento innovador.

Una vez, en un campamento de verano, hicimos un taller de lutería, el arte de construir instrumentos. Utilizando materiales simples como botellas de plástico, tubos de papel higiénico o de cocina, hilos, entre otros, los niños debían construir sus propios instrumentos musicales. Podían basarse en los que ya conocían o crear nuevos. Fue fascinante ver cómo desarrollaban su imaginación e ideas; algunos diseñaron instrumentos que ni siquiera a mí, con mis conocimientos musicales, se me habrían ocurrido. Pero lo más sorprendente fue escuchar sus explicaciones y los nombres que les pusieron.

Otra de las actividades que realizamos en clase es la creación de cuentos musicales. Con los alumnos más pequeños, introducimos elementos musicales dentro de una historia y ellos deben ponerle música. A veces, hacemos el ejercicio inverso: escuchan una pieza que yo toco o reproduzco, y a partir de ella crean su propia historia. Esto los transporta a escenarios imaginarios y fomenta enormemente su creatividad. Es impresionante leer las historias que escriben. Para los adultos, pueden parecer descabelladas, pero en su propio mundo de fantasía todo tiene sentido. Alimentar su imaginación de esta manera es maravilloso y les brinda beneficios a largo plazo.

Estas historias, además, los entrenan de alguna manera para resolver problemas. Me gusta no darles historias con un final determinado, sino permitirles trazar la trama y decidir cómo quieren que avance y qué desenlace desean. A veces, les planteo un problema dentro de la historia y los animo a encontrar una solución para que la narración tenga el mejor final posible.

Una historia que seguramente les sonará familiar a los padres de mis alumnos es la del Rey Reinaldo. Llevo años contándola y transformándola en un cuento musical. Trata de un rey que, en su cumpleaños, recibió un piano como regalo. Al sentarse a tocarlo, como no sabía, el sonido era terrible. La princesa, al escucharlo, le dijo que tocaba fatal. Esto lo entristeció y decidió emprender un largo viaje en busca de la bruja Maruja, una vieja amiga. Él creía que con una poción mágica podría aprender a tocar el piano.

En su travesía, vivió muchas aventuras: atravesó una lluvia y una tormenta, se encontró con un león y con un unicornio que le dio algunas pistas. Finalmente, llegó a la casa de la bruja y le pidió, por favor, una poción mágica para aprender a tocar el piano. Sin embargo, la bruja le explicó que no existía tal poción y que lo único que podía hacer era practicar. El rey aprendió la lección, regresó a su reino, practicó mucho y, al final, ofreció un hermoso concierto para su familia, amigos y todos los habitantes del reino.

En esta historia, voy planteando problemas y los niños van ofreciendo soluciones. Cuando mencionamos las gotitas de lluvia, intentamos representarlas en el piano o en el instrumento que estén aprendiendo, tocando notas agudas para imitar el sonido suave de la lluvia. Cuando llega la tormenta, les pregunto qué instrumentos podrían utilizar para representarla. Luego, les planteo situaciones:

—Si hay una tormenta, ¿qué puede hacer el rey?

Ellos rápidamente usan su ingenio:

—Puede esconderse en una cueva. —Puede abrir un paraguas.

Entonces les pregunto:

—¿Y si no tiene paraguas, qué otra opción tendría?

Poco a poco, ellos mismos van trazando la historia, resolviendo cada problema hasta llegar al desenlace. Sin darse cuenta, aprenden la moraleja del cuento y, al mismo tiempo, forman parte de la historia mientras la musicalizan.

Este ejercicio es maravilloso, especialmente para los más pequeños. No solo fomenta su creatividad y les ayuda a desarrollar habilidades para la resolución de problemas, sino que también les enseña a identificar, expresar y manejar sus emociones. Al ver la historia desde afuera, pueden reflexionar sobre cómo debería actuar el rey ante ciertas situaciones, y esto, posteriormente, los ayuda a afrontar sus propios desafíos. Es una habilidad valiosa que les será útil en su vida escolar y, más adelante, en su vida laboral.

Desarrollo motor

El movimiento al compás de la música mejora la coordinación motora y el equilibrio. Actividades como bailar, cantar o tocar un instrumento requieren precisión y control físico, fortaleciendo tanto la motricidad fina como la gruesa. Además, estas actividades promueven una postura adecuada y una mayor conciencia corporal.

Tocar un instrumento, en particular, exige la integración simultánea de múltiples habilidades motoras. Según diversos estudios, experimentar con instrumentos musicales favorece el desarrollo físico de varias maneras. Por ejemplo, golpear un tambor con las manos abiertas ayuda a desarrollar la motricidad gruesa (el control y fortalecimiento de los músculos grandes del cuerpo, fundamentales para habilidades como correr, saltar, trepar, patear y mantener el equilibrio). Por otro lado, tocar cuerda por cuerda en una guitarra con un solo dedo o presionar las teclas de un piano con cada dedo por separado fortalece la motricidad fina (la coordinación de los músculos pequeños de las manos y los dedos para realizar movimientos precisos, esenciales para actividades como escribir, dibujar, abrocharse los botones o usar tijeras).

En la estimulación musical temprana y la iniciación musical, este es uno de los aspectos que más se trabaja. En las clases de estimulación musical para bebés, se les anima a seguir el ritmo con tambores e instrumentos que puedan golpear o agitar fácilmente, ya que la motricidad gruesa se desarrolla antes que la fina. La combinación de música y movimiento resulta clave para estimular la coordinación, el equilibrio y la fuerza muscular.

Coordinación y desarrollo cerebral

Tocar el piano es una de las actividades más completas para el cerebro, ya que involucra múltiples áreas responsables de la coordinación, el control motor y la integración sensorial. Algunas de las regiones cerebrales que se activan al tocar el piano incluyen:

1. **Corteza motora primaria y corteza premotora (Lóbulo Frontal)**

   - Planifican y ejecutan los movimientos de las manos y los dedos.
   - La corteza motora primaria envía señales a los músculos para que se muevan con precisión, mientras que la corteza premotora ayuda a coordinar movimientos más complejos y secuenciales.

2. **Cerebelo**

   - Juega un papel crucial en la coordinación motora fina, la precisión y la fluidez de los movimientos.
   - Ayuda a mantener el ritmo y la sincronización entre ambas manos.
   - Facilita el aprendizaje motor, permitiendo mejorar la técnica con la práctica.

3. **Cuerpo calloso**

   - Conecta ambos hemisferios cerebrales, facilitando la comunicación entre ellos.
   - En los pianistas, se ha observado que el cuerpo

calloso es más desarrollado, lo que les permite coordinar con mayor eficiencia los movimientos independientes de cada mano.

4. Ganglios basales

- Refinan y automatizan los movimientos repetitivos.
- Contribuyen a la memoria muscular, permitiendo que los pianistas toquen sin necesidad de pensar conscientemente en cada nota.

5. Corteza parietal

- Es clave para la coordinación visomotora, es decir, la capacidad de traducir la información visual (partituras, posición de las teclas) en movimientos precisos de las manos.

6. Corteza auditiva (Lóbulo Temporal)

- Procesa el sonido y juega un papel en la retroalimentación auditiva, permitiendo ajustar los movimientos en función del sonido que se produce.

Al leer una partitura para piano, encontramos dos líneas musicales con claves distintas, una para cada mano. Mientras la mano derecha lee la clave de sol, la izquierda lee la clave de fa, y cada una sigue su propia línea melódica. Para quienes no tienen conocimientos musicales, esto equivale a escribir con ambas manos al mismo tiempo frases diferentes en distintos idiomas. Para los músicos, este proceso se vuelve natural con años de entrenamiento y desarrollo de la coordinación.

Todos los instrumentos requieren un alto nivel de coordinación y precisión. Algunos, como la batería, implican el uso simultáneo de manos y pies para ejecutar ritmos distintos. Uno de los instrumentos más desafiantes en este sentido es el órgano, que además de tener múltiples teclados para las manos, posee un pedalero que el organista debe tocar con los pies, interpretando así tres líneas melódicas al mismo tiempo. Si nunca has visto a un organista en acción, te recomiendo buscar uno, porque es impresionante.

Un ejercicio extraordinario para desarrollar la coordinación en los niños es la polirritmia. En este ejercicio, deben tocar ritmos distintos con cada mano o marcar el pulso con los pies mientras realizan un ritmo diferente con las palmas.

Una anécdota que ilustra la importancia de la coordinación adquirida a través de la música ocurrió cuando aprendí a conducir. Mi instructor me advirtió sobre la dificultad de manejar el embrague, cambiar de marcha y acelerar de manera sincronizada. Sin embargo, cuando lo intenté, lo hice con precisión y naturalidad. Sorprendido, el instructor me preguntó cómo lo había logrado tan rápido, a lo que respondí: *"Estudié piano"*. En ese momento, entendió que mi habilidad provenía del entrenamiento motor desarrollado a través del instrumento.

Los beneficios que la música aporta a los niños en este ámbito les serán de gran ayuda en su vida cotidiana.

DISCIPLINA Y FORMACIÓN

El aprendizaje musical no solo desarrolla habilidades cognitivas y motoras, sino que también fomenta valores esenciales como la disciplina y la perseverancia. Aprender a tocar un instrumento requiere práctica constante, paciencia y dedicación. Los niños que estudian música desde temprana edad aprenden a establecer rutinas de práctica, a enfrentar desafíos con determinación y a gestionar el tiempo de manera efectiva.

Además, la música enseña la importancia del esfuerzo a largo plazo. Muchas veces, los resultados no son inmediatos, pero con constancia y repetición, los avances se hacen evidentes. Esta lección es valiosa para la vida en general, ya que inculca la capacidad de trabajar hacia objetivos sin desmotivarse ante la dificultad inicial.

En un entorno grupal, como una banda o una orquesta, los niños también aprenden sobre responsabilidad y trabajo en equipo. Comprenden que cada instrumento y cada músico tienen un papel fundamental, y que el éxito del conjunto depende del compromiso de todos.

Cultura y vínculo familiar

Además de sus beneficios en el desarrollo cognitivo y motor, la música tiene un impacto significativo en la cultura y los lazos familiares. Exponer a los niños a distintos géneros y tradiciones musicales amplía su comprensión del mundo y fomenta el respeto por otras culturas. Les permite conocer la riqueza de la diversidad humana y apreciar las expresiones artísticas de diferentes pueblos.

A nivel familiar, la música fortalece los lazos afectivos. Las canciones de cuna que les cantamos a nuestros hijos, o aquellas que nuestras abuelas cantaban a nuestras madres, crean un puente emocional entre generaciones. Cantar juntos, compartir momentos musicales en casa o asistir a conciertos en familia genera recuerdos compartidos y refuerza la comunicación emocional entre padres e hijos.

Conclusión

Conocer, poner en práctica y compartir estos beneficios es fundamental. La música no solo enriquece el desarrollo de los niños en múltiples aspectos, sino que también deja una huella duradera en su vida. Que todos los niños tengan acceso a la educación musical es tarea de todos, porque los niños de hoy son la sociedad del mañana.

Capítulo 4.

El primer contacto con la música.

Es un error pensar que debemos esperar a que los niños tengan una edad en la que puedan decidir si les gusta la música o si desean aprender un instrumento. Cuanto antes la integremos en su desarrollo y educación, mayores serán los beneficios.

El contacto con la música puede comenzar incluso antes del nacimiento, desde el vientre materno. A esto se le llama *estimulación musical prenatal*, y cuando descubrí este mundo, fue algo fascinante para mí.

Cuando estudiaba en Cuba —donde realicé mi formación musical—, la edad para ingresar a un conservatorio era de 6 o 7 años. Si alguien quería que su hijo comenzara antes, a los 5 o 6 años, debía recurrir a clases particulares, pero generalmente ningún profesor aceptaba alumnos menores de 6 o 7 años. La respuesta era siempre la misma: —Si no sabe leer, no puede empezar a tocar el piano.

Durante años, creí que esto era lo correcto. En clase, las maestras seguían una metodología estricta y dejaban todas las indicaciones anotadas en una libreta, por lo que parecía lógico que el alumno necesitara saber leer para seguirlas. Además, si el niño ya tenía habilidades lectoras, el trabajo de la maestra se facilitaba.

Para mí, en aquel entonces, la regla era clara: si el alumno no sabe leer, no puede comenzar sus clases de música.

Cuando me mudé a España para continuar mis estudios y empecé a trabajar como profesora, tuve un choque que cambió por completo mi perspectiva. En mi primer empleo como docente, recibí alumnos muy pequeños, y mi reacción inmediata fue pensar que aún no estaban listos para aprender música. Entonces, mi mentora y directora en aquel momento, Elisabet —a quien le agradezco profundamente—, me miró sorprendida y me dijo:

—¿Pero de qué estás hablando? Estos niños pueden tocar un

instrumento perfectamente, y los más pequeños pueden hacer iniciación musical.

Hasta ese momento, la *iniciación musical* era, para mí, una asignatura que se impartía en el conservatorio a los siete años, donde nos enseñaban los fundamentos de la música de manera bastante teórica y poco lúdica. Sin embargo, cuando descubrí la increíble variedad de metodologías diseñadas para que los niños tuvieran su primer contacto con la música desde edades tempranas, se abrió un mundo completamente nuevo ante mí.

Comencé a investigar, estudiar y profundizar en los beneficios de la música en los más pequeños, y me di cuenta de algo revelador: cuanto antes se exponga a un niño a la música, mayores serán los beneficios.

Cuando inicié mi trabajo con la estimulación musical prenatal, nunca imaginé que los resultados serían tan maravillosos. Los estudios científicos ya habían demostrado que los bebés expuestos a la música en el vientre materno presentaban múltiples ventajas: mejor adaptación a la lactancia, menos llanto, mayor calidad de sueño y un vínculo más fuerte con la madre. Pero más allá de la teoría, pude comprobarlo con mis propios ojos.

Ver crecer a esos niños y notar cómo la música influía en ellos —independientemente de su personalidad y del estilo de crianza de cada familia— fue una experiencia fascinante.

Así fue como comencé a trabajar no solo con la estimulación musical prenatal, sino también con la estimulación musical temprana, ayudando a muchas familias a descubrir el poder transformador de la música desde los primeros momentos de vida.

Estimulación musical prenatal

La estimulación musical prenatal consiste en exponer al bebé a la música mientras aún se encuentra en el vientre materno, con el propósito de favorecer su desarrollo neurológico, emocional y sensorial desde antes del nacimiento. Este proceso se basa en el hecho de que el sistema auditivo del feto comienza a formarse alrededor de la semana 16 de gestación y es completamente funcional hacia la semana 25, permitiéndole percibir sonidos del entorno, incluyendo la voz materna y la música.

Beneficios de la estimulación musical prenatal

- **Favorece el desarrollo cerebral.** Diversos estudios han demostrado que la música estimula la actividad neuronal del bebé, fortaleciendo las conexiones sinápticas y potenciando el desarrollo de áreas vinculadas al lenguaje, la memoria y la creatividad.

- **Promueve la relajación y el bienestar.** La música suave y armoniosa contribuye a reducir el estrés materno, lo que repercute positivamente en el bebé, ya que el estado emocional de la madre influye en su desarrollo.

- **Mejora la capacidad de aprendizaje.** Los bebés expuestos a la música en el útero pueden desarrollar una mejor memoria y habilidades cognitivas, ya que su cerebro comienza a reconocer patrones y ritmos antes de nacer.

- **Facilita la adaptación al entorno después del nacimiento.**Los recién nacidos que han sido estimulados musicalmente en el vientre suelen mostrar mayor capacidad de atención y una mejor adaptación a la lactancia, además de reconocer melodías que escucharon durante la gestación.

- **Fortalece el vínculo entre madre e hijo.** Cantarle o ponerle música al bebé durante el embarazo crea un lazo afectivo especial, ya que el bebé asocia estos sonidos con seguridad y bienestar.

¿Cómo aplicar la estimulación musical prenatal?

- Escuchar música suave y armoniosa, preferiblemente clásica, instrumental o sonidos naturales.
- Cantarle al bebé, ya que la voz materna es el sonido más familiar y reconfortante para él.
- Acompañar la música con caricias en el vientre para reforzar el vínculo afectivo.
- Evitar sonidos demasiado fuertes o estridentes que puedan generar estrés en el bebé.

Es recomendable elegir piezas con tonalidades mayores y un carácter calmado y alegre. A continuación, algunas piezas que sugiero utilizar.

Sonidos de la Naturaleza y Serenidad:

- **Ludwig van Beethoven** – *Sinfonía No. 6 "Pastoral"* (Mov. 1 y 2)
- **Antonio Vivaldi** – *Las Cuatro Estaciones: Primavera*
- **Edvard Grieg** – *Peer Gynt: La Mañana*
- **Bedřich Smetana** – *El Moldava*
- **Claude Debussy** – *La Mer: De l'aube à midi sur la mer*

Melodías Mágicas y Oníricas:

- **Claude Debussy** – *Clair de Lune*
- **Felix Mendelssohn** – *Sueño de una noche de verano: Obertura*
- **Maurice Ravel** – *Daphnis et Chloé (Suite No. 2)*
- **Pyotr I. Tchaikovsky** – *El Cascanueces*
- **Camille Saint-Saëns** – *El Cisne* (de *El Carnaval de los Animales*)
- **Claude Debussy** – *Preludio a la siesta de un fauno*

Valses y Serenatas Relajantes:

- **Johann Strauss II** – *El Danubio Azul*
- **Wolfgang A. Mozart** – *Eine kleine Nachtmusik*
- **Franz Schubert** – *Sinfonía No. 5 en Si bemol mayor*

Óperas y Oberturas Ligeras:

- **Gioachino Rossini** – *La gazza ladra (Obertura)*
- **Franz von Suppé** – *Poeta y campesino (Obertura)*
- **Paul Dukas** – *El aprendiz de brujo*

Sinfonías y Conciertos Suaves:

- **Wolfgang A. Mozart** – *Sinfonía No. 29 en La mayor*
- **Joseph Haydn** – *Sinfonía No. 88 en Sol mayor*
- **Johannes Brahms** – *Sinfonía No. 2 (Mov. 2)*
- **Antonín Dvořák** – *Sinfonía No. 9 "Del Nuevo Mundo" (Largo)*
- **Frédéric Chopin** – *Concierto para Piano No. 1 (Mov. 2)*
- **Sergei Rachmaninoff** – *Rapsodia sobre un tema de Paganini (Variación 18)*

Música Narrativa y Lúdica:

- **Sergei Prokofiev** – *Pedro y el Lobo*
- **Camille Saint-Saëns** – *El Carnaval de los Animales*

La estimulación musical prenatal no solo prepara al bebé para un mundo lleno de sonidos, sino que también sienta las bases para su desarrollo emocional, cognitivo y sensorial desde los primeros momentos de su vida.

De la estimulación prenatal a la estimulación musical temprana

Como mencioné anteriormente, la música puede estar presente desde antes del nacimiento. Luego, podemos dar paso a la **estimulación musical temprana**, una actividad que, en mi experiencia, es ideal comenzar a partir del tercer mes de vida.

Durante los primeros tres meses, podemos continuar la estimulación musical en casa de manera similar a la prenatal, utilizando sonidos suaves y música a bajo volumen. Es importante recordar que los oídos de los bebés son extremadamente sensibles, por lo que el volumen debe ser muy moderado.

Si se emplean estímulos musicales, lo ideal es que sean con instrumentos reales y tocados suavemente. En caso de utilizar grabaciones, estas deben reproducirse a un volumen bajo y con el altavoz alejado del bebé. Se recomienda evitar el uso del móvil cerca del bebé; una alternativa segura y de mejor calidad sonora es un tocadiscos o un sistema de sonido adecuado.

La voz materna sigue siendo el mejor estímulo. Cantar nanas mientras el bebé duerme, durante el baño, la lactancia o el momento del masaje con cremas y lociones fortalece el vínculo y genera un ambiente de tranquilidad.

El poder de las rutinas musicales

Una estrategia que recomiendo a los padres es asociar canciones específicas a distintas rutinas diarias. Por ejemplo, cantar siempre la misma melodía a la hora de dormir, otra a la hora del baño y otra para la comida. Esto ayuda al bebé a anticipar cada actividad y a sentirse más seguro, ya que los bebés funcionan mejor con rutinas establecidas.

Está comprobado que acostumbrarlos a escuchar la misma nana o melodía a la hora de dormir les facilita conciliar el sueño y mejora su descanso. La música, además de ser un estímulo sensorial y emocional, puede convertirse en una herramienta poderosa para estructurar el día a día del bebé de una manera armoniosa y placentera.

¿Qué ejercicios puedo hacer con mi bebé en casa?

Durante los primeros tres meses de vida, la audición y la percepción musical del bebé comienzan a desarrollarse. En esta etapa, las mamás pueden realizar diversas actividades en casa para estimular su desarrollo auditivo, reforzar la conexión emocional y fomentar el sentido del ritmo. Aquí algunas ideas:

Cantarle con voz suave

- Las voces familiares son las más reconfortantes para el bebé.
- Canta nanas, melodías simples o incluso habla con un tono melódico.
- Varía la entonación y la expresividad para captar su atención.

Música de fondo

- Pon música clásica, instrumental o canciones infantiles suaves.
- Alterna entre distintos estilos (clásica, jazz suave, sonidos de la naturaleza) para enriquecer su experiencia auditiva.
- Observa sus reacciones y ajusta el volumen para que sea placentero y no abrumador.

Movimientos al ritmo de la música

- Balancea al bebé en tus brazos siguiendo el compás de la música.
- Mécelo suavemente o camina marcando el ritmo con tus pasos.
- Acompaña el movimiento con palmaditas suaves en su espalda

o piernas para reforzar la percepción rítmica.

Exploración de sonidos con la voz

- Haz sonidos variados con la boca: tarareos, silbidos, vocalizaciones largas y cortas.
- Usa onomatopeyas como "pam-pam", "tín-tín", "bum-bum" para introducir patrones rítmicos.

Estimulación con instrumentos caseros

- Usa sonajeros suaves y muévelos cerca del bebé para que siga el sonido con la mirada.
- Golpea suavemente cucharas de madera o cajas para crear sonidos diferentes.
- Si el bebé ya comienza a mover manos y pies, deja que toque un pequeño tambor de tela o una almohada.

Masajes musicales

- Mientras le das un masaje relajante, canta una melodía o pon música tranquila.
- Marca el ritmo con pequeños toques en su piel para asociar sonido y sensación.

Juegos de escucha

- Susurra su nombre o cántaselo con diferentes tonos.
- Cambia la dirección del sonido (de un lado a otro) para estimular su orientación auditiva.

Estos ejercicios no solo fomentan la sensibilidad musical del bebé, sino que también fortalecen el vínculo afectivo con la madre, creando un ambiente de seguridad y bienestar.

Estimulación Musical Temprana

En nuestra academia, comenzamos a aceptar alumnos a partir de los tres meses para la actividad de *Estimulación Musical Temprana*. Este programa está diseñado para introducir a los bebés en el mundo de la música a través del juego, el movimiento y la exploración sonora. La música se convierte en una herramienta clave para potenciar su desarrollo cognitivo, emocional, sensorial y motor desde sus primeros meses de vida.

¿Por qué a partir de los tres meses?

La decisión de iniciar a los bebés en la estimulación musical a partir de los tres meses no es arbitraria; responde tanto a razones de desarrollo infantil como a consideraciones de salud y seguridad.

A esta edad, los bebés han alcanzado ciertos hitos físicos y cognitivos que les permiten aprovechar mejor la experiencia. Su control cefálico ha mejorado, lo que les permite sostener la cabeza con mayor estabilidad. También han desarrollado más tono muscular en el tronco y las extremidades, lo que les ayuda a moverse con mayor intención, aunque aún de manera limitada. Antes de esta edad, su cuerpo es demasiado frágil, y no se recomienda realizar estiramientos ni movimientos bruscos, ya que sus músculos y articulaciones están en pleno desarrollo.

En el aspecto cognitivo, los bebés de tres meses comienzan a fijar la mirada en rostros y objetos con mayor precisión, responden a estímulos auditivos y siguen sonidos con la vista. También reconocen la voz de sus cuidadores y reaccionan a diferentes tonos, lo que hace que la música tenga un impacto aún más significativo en su desarrollo. A esta edad, incluso pueden mostrar preferencias por ciertos sonidos o melodías, lo que refuerza la importancia de la estimulación musical.

Otro aspecto clave es la salud. Antes de los tres meses, el sistema inmunológico del bebé es aún inmaduro, por lo que exponerlo a un ambiente con más personas puede aumentar el riesgo de infecciones. A los tres meses, ya han recibido sus primeras vacunas, lo que les brinda mayor protección y hace más seguro que participen en actividades en grupo.

Por todas estas razones, considero que los tres meses son el momento ideal para iniciar la estimulación musical. A esta edad, los bebés pueden interactuar más con su entorno, reaccionar a la música y beneficiarse plenamente de la experiencia sin comprometer su bienestar.

Etapas de la Estimulación Musical Temprana

Para adaptar la actividad a las necesidades de cada bebé según su desarrollo, la divido en tres etapas:

Primera etapa: 3 a 7 meses

En esta fase, los bebés aún no tienen un control total de su cuerpo, pero comienzan a mejorar su coordinación visual y auditiva. Experimentan cambios clave, como mayor control cefálico, respuestas a sonidos con movimientos y expresiones faciales, balbuceo e imitación de sonidos, reconocimiento de rostros y voces familiares, así como exploración con las manos y la boca.

Muchos padres se preocupan cuando los bebés se llevan objetos a la boca, pero esto es una parte fundamental de su proceso de exploración. Por ello, en esta etapa utilizamos instrumentos pequeños, ligeros y totalmente desinfectados, fabricados con materiales suaves y seguros, libres de químicos o pinturas tóxicas.

Además, trabajamos la estimulación visual con tarjetas que contienen patrones y colores específicos. A esta edad, los bebés comienzan a distinguir los colores vibrantes, y tonos como el rojo captan especialmente su atención.

Segunda etapa: 7 a 11 meses

En este periodo, los bebés comienzan a sentarse sin apoyo y algunos empiezan a gatear, lo que mejora su capacidad de manipular objetos. También responden activamente a la música con movimiento, y algunos incluso intentan bailar. Su coordinación ojo-mano se desarrolla, imitan sonidos con mayor intención y reconocen canciones y patrones repetitivos.

Por ello, en esta fase introducimos instrumentos como tambores, panderetas y maracas, que pueden sacudir o golpear. También realizamos juegos rítmicos para que distingan entre rápido-lento y fuerte-suave, e incorporamos movimientos más activos para estimular el gateo.

Aquí quiero hacer una aclaración importante. Aunque no soy pediatra, he investigado ampliamente sobre el tema y es común que los padres se preocupen si su bebé de 10 u 11 meses aún no gatea. Es importante entender que el gateo no es un hito obligatorio en el desarrollo motor. Algunos bebés pueden omitirlo por completo y pasar directamente a ponerse de pie. La mayoría comienza a gatear entre los 6 y 10 meses, pero otros lo hacen más tarde, entre los 10 y 12 meses, o justo antes de caminar. También hay quienes se desplazan de otras maneras, como arrastrándose boca abajo o sentados.

Cada bebé tiene su propio ritmo de desarrollo y no deben hacerse comparaciones. Existen parámetros generales que los pediatras evalúan para asegurarse de que el desarrollo del bebé sea adecuado, pero el hecho de no gatear no debe ser motivo de preocupación en sí mismo. No obstante, siempre recomiendo que, ante cualquier duda, los padres consulten con su pediatra.

Tercera etapa: 12 a 24 meses

A partir del año, los bebés comienzan a caminar, lo que les otorga mayor independencia y amplía su rango de exploración. En clase, esto nos obliga a modificar el entorno para evitar que accedan a instrumentos o materiales que puedan distraerlos.

En esta etapa, su comprensión del lenguaje se amplía y responden con más precisión a los cambios de ritmo y volumen. Incluso comienzan a cantar algunas palabras o frases de canciones, y me divierte ver cómo algunos cantan solo el final de cada verso.

Por esta razón, la dinámica de la clase se adapta a su mayor capacidad de interacción. Incorporamos canciones con acciones específicas para reforzar el lenguaje y la motricidad, realizamos juegos de baile libre para explorar el ritmo con el cuerpo y comenzamos a trabajar la imitación y repetición de secuencias rítmicas.

A esta edad, los bebés también expresan sus preferencias musicales, mostrando alegría o rechazo por ciertos sonidos o canciones. Para enriquecer su experiencia, introducimos instrumentos como el xilófono, ya que ahora tienen mayor control y pueden manipular las baquetas. También les mostramos ritmos y figuras musicales con imágenes fáciles de reconocer.

Conclusión

La segmentación de la estimulación musical en estas tres etapas nos permite enfocarnos en las necesidades específicas de cada bebé y adaptar las actividades a su desarrollo. De este modo, potenciamos sus capacidades de manera progresiva, asegurando una experiencia enriquecedora y estimulante para cada uno de ellos.

¿Cuándo deberían los niños comenzar a estudiar música?

En nuestra academia, y en mi experiencia como profesora, llegan alumnos de todas las edades. Cuando les comento las actividades que realizamos, muchos lamentan no habernos conocido antes. No es común encontrar en los centros programas musicales para bebés, y esto genera sorpresa.

Siempre les repito lo mismo: la música puede comenzar a cualquier edad. Si no tuviste la oportunidad de introducir a tu bebé en esta actividad desde temprano, no hay que lamentarse. Cuanto antes empiece en la música, mayores serán los beneficios. A menudo lo comparo con el deporte: cuanto antes se comience, mejores serán los resultados para la salud. No importa la edad; empezar desde la infancia es un tesoro invaluable, pero si no se tuvo la oportunidad, el mejor momento para comenzar siempre es hoy.

Muchos padres me preguntan a qué edad sus hijos pueden empezar clases de música, piano o violín. Cada profesor tiene su propia metodología y condiciones para aceptar alumnos. En lo personal, y según mis estudios y experiencia, recomiendo la música desde el vientre materno. Ahora bien, aprender un instrumento es una actividad más compleja. Para los bebés que han recibido estimulación musical temprana, a partir de los dos años se recomienda la Iniciación Musical. En esta etapa comienzan a adquirir conocimientos de manera más estructurada, aprendiendo las notas, los ritmos y las figuras musicales, y empezando a reproducirlas.

Esta actividad es muy beneficiosa para niños pequeños. Tanto si han tenido contacto previo con la música como si no, la Iniciación Musical es ideal para edades entre los 2 y 3 años. El primer contacto con la música debe ser positivo, por lo que es recomendable empezar con una actividad lúdica. Aquí se estimulan habilidades como la coordinación, el oído musical y la expresión corporal. Además, la interacción con otros niños fomenta la sociabilidad, estimula la inteligencia y mejora la memoria, la atención y la concentración.

Como la Iniciación Musical combina música, baile y juegos, también potencia los sentidos, el equilibrio y el control rítmico del cuerpo. Los niños aprenden conceptos básicos de música como notas, figuras, instrumentos y dinámica de manera natural y divertida.

Cuando los padres me consultan sobre la mejor opción para sus hijos de 2 o 3 años, les recomiendo esta actividad antes de iniciarse en un instrumento. Aunque hay excepciones, a esta edad la mayoría de los niños no están preparados para estudiar directamente un instrumento. Por ello, trabajamos al menos un semestre en Iniciación Musical para que conozcan los instrumentos y descubran cuál les interesa más. Si un alumno muestra altas capacidades, podemos empezar con piano o violín a partir de los 3 años.

Para los niños pequeños, mantenerse sentados en una clase completa enfocada en aspectos técnicos no es fácil. Por eso, hacemos una transición gradual, incorporando el instrumento en clase de manera progresiva. Las clases deben verse como algo divertido que despierte su interés y amor por la música. Aunque suena sencillo, como profesora sé que no lo es. Mantener la atención de los niños pequeños depende de su carácter, del manejo del profesor e incluso del día que hayan tenido. No se les debe obligar ni regañar constantemente. Los profesores tenemos herramientas para captar su atención y despertar su curiosidad. Esto no significa que nunca haya que corregir comportamientos, pero la disciplina en clase debe fomentarse de manera positiva.

¿Por qué incluir a los más pequeños en los recitales?

A muchos padres les sorprende la idea de que sus bebés participen en un recital. "¿Pero si son tan pequeños? ¿Realmente sirve de algo?" La respuesta es un rotundo sí.

La música en vivo es una fuente de estimulación increíble. Los bebés absorben sonidos, ritmos y melodías como esponjas, fortaleciendo su oído musical y su memoria. Además, estar en un ambiente nuevo, rodeados de niños y adultos, les ayuda a desarrollar confianza y seguridad desde una edad temprana.

El vínculo con mamá (o con su cuidador principal) también se fortalece en estos momentos. Compartir la emoción de la música, moverse juntos al ritmo y sentir la energía del grupo crea recuerdos hermosos. Además, estar con otros niños les da una oportunidad valiosa para socializar, observar y aprender por imitación.

Otro beneficio importante es el desarrollo motor. Aplaudir, tocar pequeños instrumentos o simplemente balancearse al ritmo de la música mejora la coordinación. También aprenden conceptos básicos como esperar turnos y participar en una actividad grupal, algo esencial para su desarrollo social.

Pero quizás el mayor beneficio es la relación positiva que forman con la música y el escenario. Sin presiones ni expectativas, simplemente disfrutando. Así, desde pequeñitos, la música se convierte en un espacio de alegría y confianza, algo que llevarán consigo a medida que crecen. Y, por supuesto, el hermoso recuerdo de sus primeros recitales es invaluable. Ver esos videos años después los motiva y puede servir de inspiración para sus propios hijos en el futuro.

Entonces, si alguna vez te preguntas si vale la pena incluir a los bebés en un recital, la respuesta es clara: sí, absolutamente sí. Puede que aún no toquen un instrumento o canten una melodía completa, pero están absorbiendo cada experiencia, aprendiendo y, sobre todo, disfrutando de la música en su forma más pura.

Conclusión

Como puedes ver, la música puede estar presente desde el primer latido del corazón. Su impacto en el desarrollo infantil es invaluable, y compartir este conocimiento es una manera de ayudar a más familias a aprovechar sus beneficios desde temprano.

Capítulo 5.
Elegir instrumento.

Cuando era estudiante, recuerdo que en las pruebas de acceso al conservatorio, con apenas siete años, me sometieron a una serie de exámenes y evaluaciones. Entre ellas, medían la elasticidad de mis manos y ponían especial atención en la extensión de mis dedos. Algo curioso es que, en aquel entonces, yo era una niña muy alta para mi edad y tenía unas manos inmensas. Seguí creciendo, pero mis manos, honestamente, no crecieron mucho más. Hoy soy una pianista de manos pequeñas y dedos que distan de ser largos y finos, como suele pensarse que es lo ideal. Sin embargo, esto nunca ha sido un obstáculo.

Si bien es cierto que algunas características físicas pueden ser una ventaja en ciertos instrumentos —como los dedos largos y las manos grandes en el piano—, no son un requisito indispensable. No es un factor tan determinante como la estatura en el baloncesto o la complexión en el ballet.

A la hora de elegir un instrumento, hay otros factores más relevantes, y uno de ellos es la edad. Algunos instrumentos requieren un desarrollo físico específico y, aunque siempre hay excepciones, no suele ser recomendable que los niños más pequeños comiencen con ciertos instrumentos, como los de viento.

¿Por qué no recomendar instrumentos de viento a los niños de edades tempranas?

Cuando los padres me preguntan si su hijo de tres años puede empezar con instrumentos como la trompeta, el clarinete o el saxofón, mi respuesta es que, aunque el entusiasmo por la música es maravilloso a cualquier edad, estos instrumentos no son la mejor opción para los más pequeños.

La razón principal es que los instrumentos de viento requieren un control del aire y una capacidad pulmonar que los niños de esa edad aún no han desarrollado por completo. A los tres años, sus pulmones son pequeños y su musculatura respiratoria —incluyendo el diafragma y los músculos intercostales— aún no tiene la fuerza suficiente para sostener una columna de aire estable. Tocar una trompeta o un clarinete exige un flujo de aire constante y una presión adecuada, lo que puede ser un reto incluso para niños mayores.

Otro aspecto fundamental es la embocadura, es decir, la manera en que los labios, la lengua y la mandíbula interactúan con la boquilla del instrumento. A los tres años, los niños todavía están en pleno desarrollo de la musculatura orofacial, por lo que mantener una embocadura firme y precisa durante un tiempo prolongado es poco realista. Si comienzan demasiado temprano, pueden desarrollar malos hábitos que luego serán difíciles de corregir.

Además, la coordinación motriz fina es crucial para tocar instrumentos de viento. A esta edad, los niños aún están perfeccionando habilidades básicas, como sujetar correctamente un lápiz o manipular objetos pequeños con precisión. En cambio, los instrumentos de viento requieren una coordinación avanzada entre los dedos y la respiración, algo que se desarrolla mejor a partir de los seis o siete años.

Por último, está la cuestión del tamaño y peso del instrumento. Aunque existen versiones más pequeñas de saxofones y trompetas, siguen siendo pesados y requieren una postura adecuada para tocarlos correctamente. Los niños pequeños, con brazos cortos y manos diminutas, pueden encontrar incómodo y poco práctico sostenerlos durante períodos prolongados.

Por todo esto, para niños de edades tempranas, es mucho más recomendable empezar con instrumentos que les permitan un contacto más natural con la música, como el piano o el violín.

Estos ayudan a desarrollar la coordinación, el sentido del ritmo y la musicalidad sin exigir un esfuerzo físico para el que aún no están preparados. Si más adelante muestran interés por los instrumentos de viento, podrán iniciarse en ellos en el momento adecuado, asegurando una experiencia de aprendizaje más efectiva y placentera.

¿Por qué el piano y el violín son la mejor elección a edades tempranas?

A lo largo de mi experiencia como profesora, he visto que algunos instrumentos favorecen un desarrollo musical más fluido y completo desde la infancia. Sin duda, el piano y el violín destacan como las mejores opciones para comenzar.

El **piano** es un instrumento visualmente claro y accesible. Su disposición lineal de teclas facilita la comprensión de las alturas del sonido: las notas están organizadas de forma lógica, de grave a agudo, lo que permite a los niños asociar fácilmente el espacio físico con la melodía. Además, al presionar una tecla, el sonido es inmediato y preciso, sin necesidad de una técnica avanzada para producir un tono afinado. Esto representa una gran ventaja en comparación con otros instrumentos, donde la producción del sonido requiere mayor destreza y control.

Otro aspecto fundamental del piano es que desarrolla la independencia de las manos desde el principio, lo que estimula la coordinación motriz fina. A nivel cerebral, fortalece la conexión entre los hemisferios, potenciando habilidades cognitivas que van más allá de la música. Además, al ser un instrumento polifónico, enseña armonía y estructura musical de manera natural, permitiendo que los niños exploren acordes y melodías simultáneamente.

Por otro lado, el **violín** es una excelente opción porque desarrolla el oído de manera excepcional. A diferencia del piano, donde la afinación ya está establecida en cada tecla, en el violín el niño debe aprender a colocar los dedos con precisión para lograr una nota afinada. Este proceso obliga al oído a estar en constante alerta, afinando la percepción auditiva desde una edad temprana.

Además, el violín favorece el desarrollo del control corporal y la coordinación. La postura, el manejo del arco y la precisión en la digitación requieren una atención constante, lo que fortalece la motricidad fina y la conciencia corporal. A esto se suma la riqueza expresiva del instrumento: con pequeños cambios en la velocidad del arco o la presión de los dedos, los niños pueden experimentar matices y dinámicas, desarrollando desde temprano su sensibilidad musical.

Desde mi experiencia, ambos instrumentos ofrecen una base sólida para cualquier niño que quiera adentrarse en la música. El piano proporciona claridad, estructura y facilidad inicial, mientras que el violín afina el oído y trabaja la expresividad y la coordinación. Si un niño comienza con uno de estos dos, tendrá herramientas valiosas para aprender cualquier otro instrumento en el futuro, pues habrá desarrollado oído, ritmo, coordinación y comprensión musical de manera profunda.

¿Cómo elige un niño su instrumento?

Para los alumnos que han pasado por iniciación musical, el proceso suele ser más sencillo, ya que han tenido contacto previo con varios instrumentos y han desarrollado interés o motivación por alguno en particular. Además, cuentan con una base que facilita el aprendizaje, pues ya han trabajado conceptos como notas, ritmos, figuras y dinámicas, lo que allana el camino para la práctica de cualquier instrumento.

Pero, ¿qué sucede cuando el alumno no ha recibido estas clases antes?

Cuando un niño llega a mí a partir de los 3 o 4 años, a veces tanto él como sus padres ya tienen una idea del instrumento que quieren estudiar. En muchos casos, los padres me cuentan que su hijo muestra un gran interés por la música, le gusta cantar o tiene un pequeño piano de juguete en casa que disfruta tocar. En estas situaciones, la elección del instrumento es más clara y el proceso de iniciación resulta más natural.

Otras veces, los padres desean que su hijo estudie música pero aún no han decidido qué instrumento es el más adecuado. En estos casos, durante las primeras clases realizamos pruebas con distintos instrumentos apropiados para su edad, observamos su desempeño y analizamos si muestra especial interés por alguno. Independientemente de sus habilidades iniciales, el factor más importante en la elección de un instrumento es la motivación.

De manera general, y basándome en mi experiencia, recomiendo los siguientes instrumentos según la edad del niño:

- **Piano, violín y percusión menor**: A partir de los 3 años.
- **Canto**: A partir de los 4 años.
- **Instrumentos de cuerda pulsada (guitarra) y percusión en general (batería, tambores)**: A partir de los 5 años.
- **Instrumentos de viento (saxofón, clarinete, trompeta)**: A partir de los 6-7 años.

Aprender un instrumento es un proceso lento y complejo. Cada niño tiene su propio ritmo de aprendizaje y no debe compararse con otros. A menudo, algunos padres me envían videos de niños prodigio tocando el piano a los 2 años y me preguntan cuándo su hijo tocará así. Es importante entender que estos casos son excepcionales y no deben usarse como referencia ni como punto de comparación.

¿Pueden realmente aprender a tocar el piano o el violín a los 3 años?

Para los niños de 3 años en adelante que comienzan directamente con un instrumento, existen diversas metodologías adaptadas a su edad, necesidades y ritmo de aprendizaje. Por ejemplo, con los más pequeños que inician en piano o violín sin haber pasado por iniciación musical, incorporamos elementos lúdicos en clase, como historias musicales, canciones y musicogramas, para hacer la experiencia más dinámica y atractiva.

Los niños que aún no saben leer utilizan un sistema de colores que les ayuda a identificar las notas, permitiéndoles tocar desde el inicio. Esto los motiva y facilita la transición hacia la lectura de partituras. A medida que avanzan, se les retiran los colores hasta que están listos para leer directamente en el pentagrama. Personalmente, utilizo múltiples recursos para que el aprendizaje sea accesible: asignamos nombres divertidos a las figuras rítmicas, aprendemos las notas cantando y empleamos dinámicas que refuercen el conocimiento de forma intuitiva.

En el caso del violín, los niños comienzan con ejercicios rítmicos y el reconocimiento de las cuerdas, a las cuales también se les asignan colores para facilitar su aprendizaje. Este instrumento es excelente para desarrollar la coordinación y el sentido del ritmo, y, más allá de aprender a tocarlo correctamente, puede servir como herramienta para estimular numerosas habilidades motoras y cognitivas.

Poco a poco, los niños adquieren conocimientos y habilidades musicales. Como mencioné antes, el desarrollo de cada niño es único y varía según múltiples factores, entre ellos, la frecuencia de las clases y la constancia en la práctica.

¿Con qué frecuencia debe tomar clases mi hijo?

Recomiendo a los padres comenzar con una o dos clases semanales de entre 30 y 45 minutos. A medida que el profesor evalúe el progreso del alumno, se puede considerar aumentar la duración de las clases. Es fundamental evitar la sobrecarga, ya que un exceso de clases o tareas en casa podría generar rechazo hacia la actividad.

En las primeras etapas, especialmente en edades tempranas, el aprendizaje debe ser una experiencia motivadora. Lo ideal es que los niños esperen con entusiasmo el día de la clase, disfruten el proceso y no lo perciban como una obligación. Por supuesto, la motivación puede variar según el estado de ánimo o circunstancias personales, algo completamente normal en cualquier persona.

Si el alumno desarrolla un buen hábito de estudio en casa, una clase semanal puede ser suficiente. Sin embargo, en los más pequeños esto suele ser más complejo, ya que aún no tienen la disciplina para practicar solos. En estos casos, el apoyo del profesor es esencial para corregir la postura, ayudar con la colocación de las manos e indicar los ejercicios adecuados. Es completamente normal que los niños necesiten esta guía al inicio, y los padres no deben preocuparse si sus hijos no logran estudiar de manera independiente de inmediato.

¿Cómo elegir el instrumento adecuado?

Es recomendable contar con un instrumento en casa para fomentar el hábito de estudio. Sin embargo, elegir el adecuado puede resultar abrumador, ya que la variedad de opciones es extensa, especialmente para quienes no tienen conocimientos previos. A continuación, te comparto algunos consejos para facilitar esta decisión.

Aspectos clave a considerar:

- **Presupuesto**: Determina cuánto estás dispuesto a invertir, ya que los precios varían según la calidad y el tipo de instrumento.
- **Espacio disponible**: Si estás considerando un piano, es fundamental evaluar el espacio en casa.
- **Tamaño del instrumento**: En instrumentos como el violín, violonchelo o guitarra, el tamaño debe ser acorde a la edad y estatura del alumno.

¿QUÉ TIPO DE PIANO ELEGIR?

Si tienes la posibilidad, es recomendable invertir en un buen piano desde el inicio, ya que es una inversión a largo plazo. A diferencia de otros instrumentos, el piano no requiere cambios de tamaño con el crecimiento del niño.

Los **pianos acústicos** pueden ser de dos tipos:

- **Piano de pared (vertical)**: Compacto y ideal para hogares o academias. Su sonido es brillante, aunque su respuesta al tacto no es tan sensible como la de un piano de cola.
- **Piano de cola**: Ofrece un sonido más rico, mayor proyección y mejor respuesta al tacto gracias a su mecanismo de "doble escape". Es la opción ideal para quienes buscan una experiencia más profesional.

Si el presupuesto o el espacio son limitados, se puede optar por un **piano digital o un teclado**.

Diferencias entre un piano digital y un teclado:

- **Piano digital**: Diseñado para imitar un piano acústico,

con teclas contrapesadas y sonido basado en muestras de pianos reales. Generalmente incluye pedales y altavoces integrados.
- **Teclado**: Más ligero y versátil, con una amplia variedad de sonidos y ritmos. Suele tener teclas más livianas, lo que puede afectar el desarrollo técnico del alumno a futuro.

Si se elige un teclado, es importante asegurarse de que tenga las siguientes características mínimas:

1. **Número de teclas**: Lo ideal es 88 teclas (el estándar de un piano). Si no es posible, se puede optar por uno de 61 teclas, pero no menos que eso.
2. **Sensibilidad al tacto**: Es imprescindible que el teclado responda a la intensidad con la que se tocan las teclas. Sin esto, el alumno no podrá desarrollar el control de la dinámica y el peso al tocar.
3. **Pedal de sustain**: Aunque no es esencial en las primeras clases, se volverá necesario a medida que avance el aprendizaje.

Además, recomiendo elegir un modelo con el menor número posible de botones y efectos para evitar distracciones durante la práctica.

¿Cómo elegir un violín o violonchelo?

La calidad del instrumento influye directamente en el sonido y la experiencia de aprendizaje. Los precios pueden variar considerablemente, desde modelos básicos hasta instrumentos de luthiers reconocidos que superan el millón de dólares. A continuación, una guía general para elegir el más adecuado según el nivel del alumno.

Violines y violonchelos por nivel

1. Nivel principiante

- □ Fabricados en serie con maderas laminadas o macizas básicas.
- □ Sonido funcional, pero con menor riqueza tonal.
- □ Incluyen arco y estuche estándar.

2. Nivel intermedio

- □ Construcción con maderas macizas de mejor calidad.
- □ Mayor resonancia y estabilidad en la afinación.
- □ Adecuados para estudiantes avanzados.

3. Nivel avanzado

- □ Fabricación artesanal con maderas de alta calidad.
- □ Mejor proyección y riqueza tonal.
- □ Utilizados en conservatorios y por músicos avanzados.

4. Violines y violonchelos de concierto

- □ Hechos a mano por luthiers reconocidos.
- □ Sonido excepcional, con gran proyección y equilibrio tonal.
- □ Utilizados por músicos profesionales en orquestas y recitales.

Factores adicionales a considerar

- **El país de fabricación**: Los instrumentos europeos suelen ofrecer una construcción más refinada.
- **El ajuste del instrumento**: Un buen ajuste del puente, el alma y el diapasón es clave para un sonido óptimo.

¿Cómo elegir el tamaño adecuado de un violín o violonchelo?

Elegir el tamaño correcto de un instrumento es esencial para garantizar comodidad, evitar tensiones y favorecer un desarrollo técnico adecuado. Un violín o un violonchelo demasiado grande puede dificultar la postura y la movilidad, mientras que uno demasiado pequeño puede limitar la resonancia y el control del sonido.

¿Cómo determinar el tamaño adecuado?

El tamaño del instrumento debe ajustarse a la edad, la complexión física y la longitud del brazo (en el caso del violín) o la altura y la extensión de los dedos (en el caso del violonchelo). La mejor manera de elegir la talla correcta es probar el instrumento y asegurarse de que el estudiante pueda tocar sin forzar la postura.

A continuación, se presenta una guía aproximada según la edad, pero es importante destacar que cada persona es diferente. Lo ideal es que un profesor evalúe al estudiante y determine el tamaño más adecuado.

Tamaños de violín

Los violines están disponibles en diferentes tamaños para adaptarse a cada etapa del crecimiento:

- **1/16, 1/10, 1/8**: Para niños de entre 3 y 5 años.
- **1/4 y 1/2**: Para niños de entre 6 y 10 años, dependiendo de la estatura y la longitud del brazo.
- **3/4**: Para preadolescentes o niños con brazos más largos.
- **4/4 (tamaño completo)**: Para adolescentes y adultos con brazos lo suficientemente largos para manejarlo sin dificultad.

Para comprobar si el violín es del tamaño correcto, el estudiante debe sostenerlo en posición y extender la mano hasta la voluta. Si puede rodearla con los dedos sin estirar en exceso el brazo, el tamaño es adecuado.

Tamaños de violonchelo

El violonchelo se elige en función de la altura del estudiante y su comodidad al sentarse con el instrumento:

- **1/8 y 1/4**: Para niños pequeños.
- **1/2**: Para niños mayores o preadolescentes.
- **3/4**: Para adolescentes o adultos de menor estatura.
- **4/4 (tamaño completo)**: Para adultos o estudiantes con la altura suficiente para manejarlo con comodidad.

Para verificar el tamaño correcto, el estudiante debe sentarse con el violonchelo entre las piernas y apoyar la pica en el suelo. La clavija de la cuerda de do debe quedar cerca de la oreja izquierda sin que el músico tenga que encorvarse ni estirar el cuello.

Un instrumento de tamaño adecuado facilita una postura correcta, previene tensiones y mejora la producción del sonido. Siempre es recomendable probar distintos tamaños antes de realizar una compra y, en caso de duda, consultar con un profesor o luthier.

¿Cómo elegir una guitarra? Calidad, precios y tamaños

La elección de una guitarra adecuada depende de varios factores, como el nivel del músico, el tipo de música que desea tocar, el presupuesto y, en el caso de niños o personas con manos pequeñas, el tamaño del instrumento.

Calidad y precios de las guitarras

Las guitarras varían en calidad y precio según los materiales, la construcción y la marca. Existen modelos accesibles para principiantes y guitarras de alta gama que pueden alcanzar precios elevados.

Niveles de calidad

1. Guitarras para principiantes

- Ideales para quienes están comenzando.
- Fabricadas en serie con maderas laminadas o materiales sintéticos.
- Sonido básico, suficiente para aprender acordes y ejercicios iniciales.
- Generalmente incluyen accesorios como funda, afinador y cuerdas de repuesto.

2. Guitarras intermedias

- Construcción con maderas de mejor calidad, como cedro, abeto o caoba.
- Sonido más cálido y resonante, con mejor proyección.
- Diseñadas para músicos con experiencia que buscan mayor definición sonora.
- Incluyen modelos acústicos, clásicos y eléctricos de marcas reconocidas.

3. Guitarras avanzadas

- Fabricadas con maderas macizas y mejor calibración en la construcción.
- Sonido profundo, con mayor riqueza tonal y mejor respuesta al tacto.
- Construcción más detallada, generalmente en talleres especializados.
- Indicadas para músicos que buscan un instrumento de alta calidad sin llegar a modelos de concierto.

4. Guitarras de concierto y colección

- Hechas a mano por luthiers reconocidos con materiales de primera calidad.
- Sonido excepcional, equilibrado y con gran proyección.
- Diseñadas para conciertos, grabaciones y presentaciones profesionales.
- Algunas guitarras antiguas o de edición limitada pueden superar el millón de dólares, especialmente si pertenecieron a músicos famosos.

Tamaños de las guitarras

El tamaño de la guitarra debe adaptarse a la edad y complexión del músico para garantizar una ejecución cómoda y evitar lesiones. A continuación, se presenta una guía orientativa, pero siempre es recomendable que un profesor realice una evaluación personalizada.

Guitarras clásicas y acústicas

- **1/8**: Para niños de 3 a 5 años.
- **1/4**: Para niños de 5 a 7 años.
- **1/2**: Para niños de 7 a 9 años.
- **3/4**: Para niños de 9 a 12 años o adultos con manos pequeñas.
- **7/8**: Tamaño intermedio entre una guitarra pequeña y una de tamaño completo.
- **4/4 (tamaño completo)**: Para adolescentes y adultos.

Guitarras eléctricas

Las guitarras eléctricas no siguen un sistema de tamaños tan estructurado como las clásicas o acústicas, pero existen modelos diseñados para mayor comodidad según la edad y el tamaño de las manos:

- **Guitarras de escala corta**: Con mástil más reducido, ideales para niños y personas con manos pequeñas.
- **Modelos tipo "travel guitar"**: Compactos y fáciles de transportar.
- **Guitarras estándar**: De tamaño completo, recomendadas para adultos o adolescentes con suficiente fuerza en las manos.

Probar diferentes tamaños antes de comprar una guitarra es clave para encontrar el instrumento que mejor se adapte a cada músico. Además, siempre es aconsejable contar con la orientación de un profesor o especialista para tomar la mejor decisión según el nivel y las necesidades individuales.

Consideraciones

Elegir el instrumento adecuado es un paso fundamental en la formación musical. Ya sea un piano, violín o violonchelo, es importante considerar la calidad, las necesidades del estudiante y la inversión a largo plazo. Un buen instrumento no solo mejora la experiencia de aprendizaje, sino que también motiva al alumno a seguir avanzando en su camino musical.

Esta guía ofrece una orientación básica para elegir el tamaño adecuado de algunos de los instrumentos más comunes. Si el estudiante está interesado en un instrumento menos convencional o de características específicas, o cualquier otra opción fuera de los modelos estándar, es recomendable acudir a un especialista.

Profesores, luthiers y músicos experimentados pueden ofrecer asesoramiento personalizado para garantizar la mejor elección según las necesidades y objetivos del estudiante.

EL APRENDIZAJE DE UN INSTRUMENTO: ¿OBLIGACIÓN O ELECCIÓN?

Hay algo que no podemos negar : No todos disfrutan estudiar un instrumento musical. Como profesora, a menudo encuentro casos en los que padres que abandonaron la música en su infancia insisten en que sus hijos estudien el mismo instrumento. Aquí surge un dilema: si abogamos por la inclusión de la música en la educación, ¿deberíamos imponerla sin opción, como sucede con matemáticas o historia? Por otro lado, el estudio de un instrumento requiere esfuerzo y dedicación, y si no se disfruta, puede volverse frustrante.

Lo ideal es permitir que los niños exploren varios instrumentos hasta encontrar el que realmente les motive. La curiosidad y el interés deben fomentarse desde la enseñanza, y aquí el papel del profesor es clave. Personalmente, tengo grandes recuerdos de mi profesora de piano; aunque no siempre disfrutaba practicar, me esforzaba por no decepcionarla. El profesor puede ser un factor determinante: puede inspirar y motivar, o desanimar por completo, llevando incluso al abandono del instrumento.

Muchos padres comparten sus malas experiencias con la música: profesores excesivamente estrictos que generaban miedo o clases desmotivadoras que resultaban en rechazo. Afortunadamente, los tiempos han cambiado. Aunque la disciplina sigue siendo esencial para el estudio de un instrumento, existen métodos más efectivos y menos represivos para lograr que los niños avancen.

Si, después de explorar diferentes instrumentos, un niño sigue sin mostrar interés, no se le debería obligar a continuar. Sin embargo, es importante diferenciar entre la falta de interés y la falta de disciplina. La mayoría de los niños, por naturaleza, prefieren jugar en lugar de estudiar. En mi caso, debo confesar que no disfrutaba practicar el piano, pero amaba la música y mis clases.

En la adolescencia, me frustraba ver a mis amigos divirtiéndose mientras yo estudiaba horas. En aquel momento, sentía que no valía la pena, pero hoy agradezco la rigurosidad de mi abuela, "Mimi", los sermones de mi mamá y el apoyo incondicional de mi esposo, en aquel entonces mi novio. Sin esa disciplina, no habría alcanzado mi carrera actual, que adoro.

Los niños y adolescentes no siempre saben lo que quieren. Muchas veces, el problema no es la música, sino el esfuerzo que implica. He visto alumnos que abandonaron el piano en su infancia y años después volvieron con entusiasmo. Esto demuestra que, aunque en ciertos momentos puedan rechazar la música, la semilla plantada en su educación puede florecer más adelante.

Capítulo 6.
El Estudio Individual.

Este capítulo fue uno de los primeros que escribí cuando comencé a trabajar en este libro, porque considero que es una parte fundamental en la formación de cualquier músico.

Para el desarrollo exitoso de un estudiante de música, existen cinco factores clave:

1. **Las capacidades del alumno.**
2. **El profesor.**
3. **El entorno que lo rodea.**
4. **La disciplina.**
5. **El correcto estudio individual.**

A continuación, abordaré el primero de estos factores.

LAS CAPACIDADES DEL ALUMNO

Todas las personas pueden aprender a tocar un instrumento. La música debería ser un conocimiento accesible para todos, y con la práctica adecuada, cualquiera puede desarrollarse en este campo. Sin embargo, hay que reconocer que algunas personas tienen más facilidad que otras para aprender música. Como en cualquier disciplina, existen individuos con habilidades excepcionales que destacan naturalmente.

Algunas de estas habilidades incluyen el oído musical y el ritmo, que pueden desarrollarse con el tiempo, pero que en ciertos casos ya vienen innatamente potenciados. Como profesora, evito comparar a mis alumnos entre sí, porque cada uno avanza a su propio ritmo y lo importante no es el camino, sino los objetivos alcanzados. No obstante, es innegable que algunas personas poseen una sensibilidad musical más desarrollada, lo que facilita su aprendizaje e interacción con la música.

Un ejemplo claro de esto es el oído absoluto, una de las habilidades musicales más llamativas porque no se adquiere fácilmente, sino que parece ser una capacidad innata. Básicamente, consiste en la capacidad de identificar una nota sin necesidad de ninguna referencia. Una persona con oído absoluto puede escuchar un sonido y decir inmediatamente si es un Do, un Sol sostenido o cualquier otra nota, sin dudarlo. Es una habilidad comparable a la percepción de los colores: así como cualquiera puede reconocer el rojo o el azul sin necesidad de compararlo con otro color, quienes tienen oído absoluto identifican notas de manera instantánea, sin necesidad de un instrumento.

Manifestaciones del oído absoluto

El oído absoluto puede presentarse de varias formas. Algunas personas pueden:

- Identificar cualquier nota en sonidos cotidianos, como el claxon de un carro o el timbre de un teléfono.
- Cantar cualquier nota exacta sin necesidad de escucharla previamente.
- Determinar la tonalidad de una pieza musical con solo escuchar los primeros acordes.
- Detectar pequeñas variaciones en la afinación de un instrumento.

Recuerdo un caso particular que me sorprendió muchísimo. Tuve un alumno de apenas tres años, un niño que desde el principio mostró un talento inusual. En su segunda clase, mientras explorábamos los ritmos, una campana de colores (que usamos en clase para aprender las notas) cayó al suelo. Inmediatamente, el niño exclamó: *"Se cayó el Fa"*.

Al principio, pensé que lo había asociado al color de la campana, pero decidí ponerlo a prueba. Le pedí que se tapara los ojos y le toqué una nota en el piano: *Si*. Sin dudarlo, respondió *Si*.

Luego toqué un *Mi*, y acertó de nuevo. Decidí llevarlo más lejos y toqué un *Sol sostenido*. Como era solo su segunda clase, todavía no habíamos aprendido sostenidos ni bemoles, así que me dijo: *"No me sé el nombre, pero está entre el Sol y el La"*.

Me quedé impresionada. Repetí la prueba con otros instrumentos: xilófono, campana, violín... y siempre acertaba. Fue un momento de gran emoción, porque el oído absoluto es una habilidad poco común.

Diferencia entre oído absoluto y oído relativo

Es importante aclarar que el oído absoluto no es lo mismo que el **oído relativo**.

- **El oído relativo** permite reconocer notas, pero con una referencia previa. Por ejemplo, si una persona escucha un *Do* y luego otra nota, puede deducir que es un *Sol* porque conoce la relación entre los sonidos. Sin embargo, no podría identificarlo sin esa referencia inicial.
- **El oído absoluto**, en cambio, no necesita ningún tipo de referencia para reconocer una nota.

¿Se puede desarrollar el oído absoluto?

Esta es una gran pregunta, y la respuesta no es sencilla. Los estudios sugieren que es más fácil adquirirlo si se empieza desde niño, especialmente antes de los seis años, cuando el cerebro aún está en pleno desarrollo auditivo. Después de esa edad, es mucho más difícil lograrlo.

Sin embargo, lo que sí se puede entrenar con gran precisión es el oído relativo, que en la práctica resulta más útil. Un buen oído relativo permite comprender mejor la relación entre los sonidos y aplicarlo de manera efectiva en la música.

¿Es indispensable el oído absoluto para ser un gran músico?

Definitivamente, no. Aunque puede ser una ventaja en aspectos como la afinación y la transcripción musical, hay muchísimos músicos y compositores brillantes que no lo tienen. Con un oído relativo bien entrenado, se puede lograr un nivel de precisión impresionante. Al final, lo más importante en la música no es identificar notas, sino transmitir emociones y lograr una interpretación expresiva y significativa.

Cuando los alumnos deciden estudiar en un Conservatorio de música, deben someterse a exámenes para evaluar sus aptitudes. Existen personas que nacen con ciertas habilidades musicales o que les resulta más fácil desarrollarlas, lo cual representa una ventaja al momento de estudiar música. Sin embargo, esto no significa que aquellos que no posean estas facilidades innatas no puedan aprender música; simplemente, como mencioné anteriormente, son caminos diferentes. Y lo lógico es que, si contamos con ciertas capacidades, las aprovechemos al máximo.

De manera similar al mundo del ballet, existen personas que tienen una constitución física adecuada y una elasticidad innata. Lo que probablemente otras bailarinas logren mediante estrictas dietas y ejercicios, algunas ya lo tienen como ventaja desde su nacimiento.

Otra de las capacidades importantes en la música es la rítmica: ser capaz de diferenciar y reproducir ritmos sin mayor esfuerzo, así como tener independencia rítmica entre ambas manos y pies. Esta habilidad también puede mejorarse con estudio y práctica, pero, repito, hay personas que nacen con ella. Una de las pruebas comunes en distintos sistemas de evaluación es la repetición de ritmos. El profesor o examinador crea un ritmo y el alumno debe reproducirlo. En este ejercicio podemos observar la capacidad rítmica del alumno, su oído y su memoria.

No quiero extenderme más sobre este tema, ya que creo que el punto está claro: existen personas que nacen con estas capacidades, y aunque se pueden desarrollar con trabajo y esfuerzo, no podemos negar que esas facilidades innatas hacen que el aprendizaje de cualquier instrumento sea más rápido y fluido.

El papel del profesor

Otro factor fundamental en el desarrollo del estudiante es el profesor. La relación entre alumno y maestro influye enormemente en el aprendizaje. Un buen profesor no solo transmite conocimientos, sino que también motiva, guía y ayuda al estudiante a alcanzar su máximo potencial.

Siempre le digo a mis alumnos que el profesor hace un 40% del trabajo, pero el 60% restante lo debe hacer el estudiante. De nada sirve asistir a clase si no se estudia por cuenta propia. Trabajar duro en clase, pero no practicar el resto de la semana, es desperdiciar el esfuerzo. Por mucho empeño que ponga el profesor, si el alumno no practica, el avance será lento y los logros serán limitados.

Aquí es donde los padres juegan un papel crucial. La relación entre profesor y la familia debe estar alineada. Los padres deben reforzar en casa lo que el profesor enseña en clase, sin contradicciones. No puede ser que el profesor insista en la importancia del estudio y los padres minimicen su valor con frases como:

- *"No tiene tiempo para practicar"*.
- *"Es demasiado trabajo"*.

- *"No es tan importante"*.

Esto no solo afecta la disciplina del estudiante, sino que también debilita su respeto hacia el profesor.

Recuerdo que cuando era estudiante, si mi profesora me reprendía y yo se lo contaba a mi abuela, su respuesta era clara:

- *"Te lo mereces por no estudiar"*.
- *"Algo mal habrás hecho"*.

No quiero decir que debamos llevar esto al extremo, pero sí es importante que exista cierta autoridad en el profesor, y que los padres la respeten. En los tiempos actuales, a veces los profesores ya no contamos con la autoridad y el respeto que deberíamos.

Por último, es fundamental que los padres elijan al mejor profesor posible para sus hijos, no al más barato. Suena duro, pero así como no buscamos al médico más económico cuando se trata de nuestra salud, tampoco deberíamos comprometer la educación musical de nuestros hijos por un tema de costo. La formación de un músico es una inversión, y el maestro adecuado marcará una diferencia para toda la vida.

Como profesora, me gustaría hablar sobre las cualidades que, a mi parecer, debe tener un buen maestro, basándome en mi experiencia tanto como alumna que fui, como docente que soy. No entraré en el tema de la metodología, ya que cada profesor tiene la suya y no es ético ni justo cuestionarla. Sin embargo, hay ciertos factores clave que considero fundamentales en un buen maestro.

Uno de los recuerdos más preciados que tengo de mi maestra es la forma en que celebraba mis logros. Creo firmemente que es correcto hacerlo en su justa medida, motivar a los alumnos a dar lo mejor de sí mismos y fomentar en ellos el amor por la música. Es esencial inculcarles la disciplina y la constancia, pero, sobre todo, lograr que disfruten el proceso de aprendizaje. Crear un vínculo es fundamental: para el alumno, el profesor es alguien a quien admira, respeta y en quien confía. Cuando se logra esa conexión, se ha conseguido algo maravilloso que contribuirá a su desarrollo y perdurará para siempre.

En mi caso, guardo los mejores recuerdos de mi maestra, y estoy convencida de que su forma de ser conmigo influyó en la manera en que hoy trato a mis propios alumnos y en mi decisión de dedicarme a la enseñanza.

Un buen maestro debe ser paciente. Y aquí, con toda modestia, creo que tengo un doctorado en paciencia. Sabemos que el error es parte del aprendizaje, y es nuestro deber ayudar incansablemente a los alumnos hasta que logren sus objetivos. Nada es más perjudicial para un estudiante que encontrarse con un profesor sin paciencia. Me ha tocado recibir alumnos que vienen de otros maestros que, por falta de paciencia, no les enseñaron correctamente las técnicas adecuadas. Corregir una mala técnica es mucho más difícil que enseñarla desde cero.

Por ello, es fundamental elegir bien al profesor de tu hijo. No te dejes llevar por la amistad, el precio, la cercanía o la comodidad. Escucha una clase, observa los resultados. Un buen profesor puede sacar lo mejor de un alumno, pero uno malo puede hacer todo lo contrario.

La importancia del entorno

El entorno que rodea al alumno es clave también. Un entorno adecuado puede impulsar las capacidades del alumno, así como un entorno equivocado puede dificultar su avance. Pasa lo mismo en la vida en general: una familia comprensiva que le da prioridad a la cultura, a la educación, un círculo de amistades con los mismos intereses, una pareja comprensiva que te apoya, puede sacar lo mejor de una persona.

Es importante que las familias fomenten la cultura, lleven a los niños a conciertos, escuchen música en casa, den prioridad e importancia a las actividades de su escuela, academia o profesor privado, celebren sus logros y los motiven a seguir avanzando.

Yo, en lo personal, puedo decir que conté con un buen entorno. A pesar de que en mi época de estudiante las condiciones económicas y materiales eran limitadas, en mi familia todos se reunieron y aportaron para que yo pudiera tener un buen piano. Conseguir un piano acústico no era fácil. Mi piano lo conseguimos, por supuesto, de segunda mano y traerlo fue una odisea. No había transporte, y mi abuela lo trajo en una carretilla desde la casa de la persona hasta mi casa, aproximadamente una milla caminando, empujando entre dos personas la carretilla con el piano. Siempre se mantenía afinado, y eso que costaba bastante en aquel entonces o, al menos, para nosotros representaba bastante. Así como se apartaba el dinero de la comida, la electricidad, etc., se apartaba el dinero para mis clases. Se privaban de muchas cosas para poder pagarlas, pero es que eran una prioridad y no un lujo. En mi casa, siempre se consideró que mi educación musical era de suma importancia para toda mi familia.

Durante mi adolescencia, tuve la inmensa suerte de conocer a Juan Carlos, mi actual esposo, lo cual, creo, fue determinante en mi vida. Nos conocimos gracias a la música. Yo, amante del rock (por si no lo sabían), era fan del grupo donde él tocaba. Y, como no tengo miedo a nada, fui a hablar con él para pedirle que me invitara a tocar una canción. Ahí comenzó todo.

Cuando digo que tuve suerte, me refiero, entre otras cosas, a este aspecto en particular: él fue de gran ayuda en esa etapa tan compleja de la vida que es la adolescencia. Recuerdo que Juan Carlos se sentaba en la esquina de mi cama mientras yo practicaba horas y horas en el piano. La verdad, no sé cómo aguantaba escucharme repetir lo mismo una y otra vez. Además, siempre me acompañaba a mis clases. Sí tuvimos la suerte que nuestras respectivas escuelas estaban relativamente cerca una de la otra. Tengo muy buenos recuerdos de cuando me recogía temprano para irnos juntos. Y aunque no venga al caso, les contaré algo gracioso: solíamos desayunar espaguetis que comprábamos en una cafetería y los comíamos mientras íbamos hacia la escuela. Aunque les sorprenda, aún así me mantenía delgada.

Recuerdo todos mis exámenes importantes, con él afuera, apoyándome. También rememoro mis momentos de crisis, cuando quería dejar el piano porque, claro, siendo adolescente, solo quería disfrutar y salir como el resto, pero sabía que tenía que trabajar muy duro. Él siempre estaba allí, dándome consejos.

Hoy seguimos juntos, compartiendo la música. Juntos creamos **LAUREN MUSIC ACADEMY**, y nuestra academia es lo que es, gracias a que somos la combinación perfecta: yo, con energía, locura e ingenio; él, con orden, disciplina e inteligencia. Comparto esta pequeña anécdota porque sé que muchos de ustedes, padres de mis alumnos, conocen a Juan Carlos, o como le decimos cariñosamente, "producción", porque siempre está detrás de todos los grandes proyectos.

Por eso, si deseas que tu hijo alcance su máximo potencial, asegúrate de proporcionarle un entorno adecuado.

La disciplina

La disciplina es fundamental en la vida y aún más en el estudio de un instrumento. Siempre comparo este proceso con el deporte: no se pueden obtener resultados sin constancia y esfuerzo.

La disciplina es lo que hace que un alumno asista a clase aunque llueva, aunque haya un cumpleaños o aunque no tenga ganas. Es lo que le permite sentarse a practicar a pesar del cansancio.

El entusiasmo va y viene, pero la disciplina es lo que impide rendirse a la primera dificultad. No podemos enseñarles a los niños que está bien renunciar ante el primer obstáculo, porque esa sería una pésima lección para la vida.

Debo confesar que, personalmente, la disciplina me cuesta. Sé lo que se siente no poder más, pero ahí es donde entra en juego el entorno. En la academia, muchas veces me abruma la gestión y el papeleo, y quiero dejarlo todo para después. En esos momentos, mi esposo me recuerda que hay que hacerlo, aunque sea poco a poco. Me da gracia porque siempre le digo que solo me recuerda lo malo, pero lo cierto es que, sin él, muchas tareas tediosas se quedarían sin hacer.

Las cosas más divertidas y gratificantes suelen tener detrás muchas horas de sacrificio, esfuerzo y disciplina. Como padres, es importante inculcar esto a los niños. Estudiar un instrumento les servirá no solo para la música, sino para la vida.

El estudio individual

Aquí llegamos a la guinda del pastel, el dolor de cabeza de todo padre y maestro: el estudio individual.

Muchas veces, un alumno sin habilidades excepcionales puede llegar más lejos si se esfuerza y estudia correctamente, mientras que otro con un excelente oído y gran musicalidad puede quedarse atrás si no practica.

Mi maestra siempre me enseñó la importancia de estudiar bien. En cada clase, me anotaba paso a paso cómo debía practicar en casa. Gracias a ella, entendí que es mejor estudiar bien 30 minutos que dos horas mal.

Recuerdo que mi abuela se sentaba a mi lado, leyendo mis indicaciones, y yo, enojada, le decía que me dejara en paz porque no entendía nada. En aquel momento, le hubiera sido de gran ayuda un manual como este, sobre todo este capítulo.

A veces, los padres me dicen: "Mi hijo ha estudiado muchísimo", y es verdad que se ha sentado al piano por largos ratos. Pero cuando empieza a tocar, está peor que la clase anterior. El problema es que no sabe estudiar correctamente, y sus padres tampoco saben cómo ayudarle.

Me gustaría poder multiplicarme y sentarme al lado de cada alumno a guiarlo en su estudio. Es crucial aprender a trabajar bien, porque estudiar mal puede tener consecuencias nefastas para el progreso. De hecho, en algunos casos, es preferible no estudiar a hacerlo de forma incorrecta. (No tomar esto como excusa para no estudiar).

La constancia es clave: no basta con estudiar un solo día. Es como ir al gimnasio: no sirve de nada ir una vez por semana y, mucho menos, hacer los ejercicios mal. Si quieres progresar, necesitas disciplina, constancia y una buena técnica de estudio.

¿Cómo estudiar correctamente?

Precalentamiento

Antes de comenzar cualquier actividad física, es fundamental realizar ejercicios de precalentamiento para preparar el cuerpo y evitar lesiones. Este momento de precalentamiento incluyen estiramientos suaves de los músculos principales, así como movimientos de las articulaciones para mejorar la flexibilidad y la circulación. Se recomienda estirar los brazos, las muñecas y los dedos con movimientos controlados, además de realizar inclinaciones y giros suaves del torso para activar la movilidad del cuerpo. Estos ejercicios ayudan a reducir la tensión muscular y a optimizar el rendimiento en la actividad que se va a realizar.

Calentamiento

Cuando el alumno toma el instrumento, antes de empezar con las obras, debe calentar, al igual que se hace antes de practicar un deporte. Siempre les explico esto con el siguiente ejemplo: los futbolistas no llegan al campo y comienzan a jugar de inmediato, sino que calientan primero. Con cualquier instrumento ocurre lo mismo: hay que calentar, estirar los dedos y prepararse previamente.

La mejor manera de hacerlo es a través de ejercicios técnicos como escalas, arpegios o algunos estudios específicos. Este paso no debe omitirse, y cuanto mayor sea el nivel del alumno, más extenso debe ser el calentamiento, ya que ayuda a prevenir lesiones.

Así que ya saben, si escuchan a su hijo tomar el instrumento y empezar a tocar sin más, pueden decirles con toda la autoridad del mundo: "*¿Ya hiciste los calentamientos?*"

Administrar el tiempo

Una vez superado estos primeros pasos, es crucial administrar bien el tiempo de estudio. Si se dispone de poco tiempo, lo mejor es enfocarse en resolver las dificultades específicas de la obra en lugar de tocarla de principio a fin sin detenerse en los errores.

Por ejemplo, si hay un pasaje que cuesta más trabajo, no tiene sentido tocar toda la pieza de manera apresurada y sin correcciones. Hay que aislar la parte problemática y estudiarla despacio hasta solucionar el problema. Optimizar el tiempo es clave, y una buena forma de lograrlo es con un calendario o tabla de estudio.

Como ejemplo:

	TÉCNICA	OBRAS	PRIMERA VISTA	Otros
LUNES				
MARTES				
MIÉRCOLES				
JUEVES				
VIERNES				
SÁBADO				
DOMINGO				

Es recomendable dejar al menos un día libre para descansar. Sin embargo, cada sesión de estudio debe incluir siempre un elemento técnico, como una escala, un arpegio o un ejercicio, dependiendo de las necesidades del alumno, además de algo de lectura musical.

Los alumnos y los padres no imaginan cuánto ayuda un estudio planificado. Es lo mismo que ocurre en el deporte: en el gimnasio no se trabajan todos los grupos musculares el mismo día, sino que se dividen las sesiones. Con la música sucede lo mismo. Lo ideal sería que el alumno pudiera estudiar todo el programa cada día, pero esto requiere mucho tiempo, y sé, como profesora, que la mayoría de los estudiantes que practican música como actividad complementaria no disponen de tantas horas.

El tiempo de estudio no puede generalizarse ni fijarse en una cantidad exacta, ya que depende de cada alumno, la dificultad de las obras y los objetivos. Sin embargo, para tener una referencia, un programa de nivel 3 de conservatorio, que incluya cuatro piezas y ejercicios técnicos, puede requerir entre una y tres horas diarias, dependiendo del nivel del estudiante y del punto en el que se encuentre en su repertorio.

Como profesora, recomiendo planificar el tiempo y aprovecharlo al máximo. También es importante crear el hábito de estudio. Para ello, además de la clase semanal, el niño debería sentarse a estudiar solo al menos un día más, aunque sea por cinco minutos.

Aquí hago una pausa para hablar del equilibrio entre disciplina y saturación. Es importante no forzar a los niños pequeños (5-6 años) hasta el punto en que lo que antes era divertido se convierta en una tortura. Recuerdo el caso de una alumna de tres años con un talento excepcional. Sus padres, pianistas profesionales, tenían grandes expectativas y la ponían a practicar en casa además de sus tres clases semanales. La niña terminó rechazando el instrumento por completo, hasta el punto de llorar cuando se equivocaba.

No podemos tener expectativas poco realistas sobre lo que un niño de 3 o 4 años puede lograr. A esta edad, hay que ir poco a poco, sin presionarlos demasiado. A medida que crecen, se les puede exigir más, pero siempre con equilibrio.

Por todo esto, recomiendo que los padres supervisen al menos una sesión de estudio semanal para identificar dificultades y comentarlas con el profesor en la siguiente clase.

Como decía mi maestra: *"A paso lento se llega antes."*

LA VELOCIDAD

Por otra parte, está el tema de la velocidad. Mis alumnos se ríen cuando les digo que, si me dieran una moneda por cada vez que repito *"¡No corras!"* o *"¡Ve despacio!"*, ya sería millonaria.

Muchos creen que tocar rápido soluciona los problemas, pero la realidad es que es imposible corregir errores tocando a toda velocidad. Para lograr velocidad en un pasaje, no se trata de repetirlo rápido una y otra vez, ya que esto solo lo ensucia. Siempre les digo que la seguridad trae la velocidad. Cuando dominamos bien un pasaje, este fluye de manera natural y, automáticamente, lo tocamos más rápido.

El metrónomo es una máquina que marca el pulso de una manera continua, estable y precisa como el tic tac de un reloj. Se puede regular la velocidad para que nos marque el tiempo tanto lento como rápido, de este modo podemos estudiar a cualquier velocidad procurando que salgan todas las notas a tempo, parejas y con un ritmo estable.

Existen 2 tipos de metrónomos, los digitales y los mecánicos. Los digitales son más cómodos de utilizar, ya que son mejor para transportar, se pueden poner sobre cualquier superficie y se puede regular el volumen e incluso la afinación de su tic-tac. Pero siempre existen personas amantes del metrónomo mecánico tradicional, como es mi caso. El único problema con este último es que al tener un péndulo que es el que marca el pulso, necesita estar sobre una superficie plana sin irregularidades porque sino el movimiento del péndulo y por tanto el pulso no será preciso. Pero de igual manera ambos son válidos y muy útiles para el estudio del instrumento. Incluso actualmente podemos encontrar muchas aplicaciones gratis en el móvil que brindan esta función.

Cuando queremos limpiar un pasaje (hacer que todas las notas suenen claras), podemos usar el metrónomo a un tempo lento.

Esto nos obliga a seguir el pulso y evita que nos aceleremos.

No pasar por alto los errores

Pasar por alto los errores es, valga la redundancia, un grave error. No podemos tocar una obra de principio a fin ignorando los fallos, porque si los repetimos sin corregirlos, se vuelven parte de la interpretación. Es como moldear una figura de barro: si le damos una mala forma y dejamos que se seque, después será imposible corregirla sin destruirla y empezar de nuevo.

El profesor suele marcar los errores en la partitura, y el alumno debe acostumbrarse a revisar esas marcas durante su estudio.

Una vez corregido un error, es recomendable integrar la corrección en el contexto de la obra, tocando un par de compases antes y después del pasaje corregido. Para poner un ejemplo práctico. Si estamos estudiando un trabalenguas: "*Tres tristes tigres tragan trigo en un trigal*", y no podemos pronunciar bien la palabra tragan, repetimos varias veces tragan, la dividimos en sílabas, *tra-gan, tra-gan, tragan,* una vez que sale bien sola integramos la palabra de antes y la de después, *tigres tragan trigo — tigres tragan trigo,* luego podemos decir la frase entera, *tres tristes tigres tragan trigo en un trigal.* Esto es a lo que yo llamo integrar la corrección en la obra. Parecerá una tontería pero es sumamente importante.

Muchas veces los padres dicen: *"Ha estudiado muchísimo la pieza, ha tocado toda la tarde."* Pero cuando reviso, descubro que solo han repetido la pieza completa una y otra vez sin corregir nada. Esto no es estudiar, es *machacar* la pieza o como decimos los profesores: viciar la obra.

Es tan importante no saltarse los errores como también lo es aprender a seguir adelante. Hay que conocer la diferencia entre corregir un error y parar de tocar al mínimo tropezón. Cuando estamos estudiando hay una parte que es para corregir errores y otra para estudiar la obra entera, aquí nos imaginamos que estamos en el recital, examen o audición, y pensamos que pase lo que pase debemos seguir, ya que en ningún recital está bien visto que el músico pare por un error y vuelva a empezar. Por ello debemos aprender: cuando estamos tocando la obra entera, aunque se tanga un tropezón hay que seguir como si no hubiera pasado nada. Este ejercicio debemos hacerlo al final del estudio individual porque muchas veces los alumnos se equivocan y ponen unas caras que los delatan totalmente, se detienen y me miran, como si yo fuera a solucionar el problema. Ahí les enseño que hay que seguir como si nada hubiera ocurrido, si nos perdemos hay que enganchar en el siguiente compás, si no sale una nota se sigue a la siguiente pero llegar al final con el mejor de los ánimos. Luego vamos atrás y arreglamos los errores. Pero al menos una vez durante la práctica hay que tratar de tocar la obra imaginándonos que estamos frente a un público o un jurado.

Estudiar lo que no sale bien

Este punto me encanta y me hace mucha gracia.
Muchas veces les señalo a mis estudiantes un par de compases en las partituras que son los que no salen bien, que necesitan trabajo y les digo que hay que asegurarlos. A la siguiente clase, siguen igual, y aunque han estudiado, surge la pregunta: "¿qué fue lo que estudiaste?", y la respuesta siempre es la misma: - "lo que me sé bien". Esto nos pasa a todos, no los culpo. Cuando estudiamos un instrumento, además de practicar, queremos disfrutar de las obras que nos gustan, y ese es el objetivo. Pocos disfrutan estudiando las partes que salen mal, repitiendo despacio y corrigiendo errores. La mejor parte es cuando todo sale bien y tocamos con gusto. Pero ahí hay un problema: no podemos tocar solamente lo que ya sale bien. A los alumnos, sobre todo a los más pequeños, les cuesta avanzar en la obra por su cuenta. Siempre

practican lo que ya está bien, pero lo que necesita trabajo queda de lado.

Como habrán notado, me gusta mucho hacer comparaciones para que entiendan bien la situación. Siempre les digo que es como si estuvieran pintando las paredes de su habitación: empiezan por una pared y la pintan, pero luego les da pereza pintar la otra, así que siguen pintando la misma pared. Al día siguiente, hacen lo mismo, y la otra pared sigue sin pintar. Es más fácil seguir pintando lo mismo que ya está hecho. Pero nunca terminarán de pintar la habitación si hacen eso. Es importante estudiar lo que necesita corrección. Luego, cuando la obra esté lista, se podrá disfrutar plenamente.

La clave está en encontrar un equilibrio: disfrutar la música mientras se estudian los pasajes complicados con paciencia y método.

Leer las partituras

Los que son padres de mis alumnos ya esto les sonará familiar. Esta es una de mis luchas incansables como profesora: lograr que el alumno toque leyendo la partitura. No es por generalizar, pero les pasa a muchos, sobre todo a los que tienen buena memoria. Leen al inicio y, en cuanto se lo aprenden, ya no miran más la partitura, y esto es un grave error. Así que, los padres que están leyendo este capítulo, cuando vean a su hijo tocando sin partitura, pueden decirle con toda autoridad y razón que coloque la partitura en el atril. No quiero decir que esté mal tocar de memoria, para nada, todo lo contrario. Pero, para estudiar, hay que tener la partitura en frente, sobre todo si estamos empezando con una obra; necesitamos ver las indicaciones de nuestro profesor, visualizar dónde están los errores y cuáles son los pasajes que no salen bien. Más adelante hablaremos sobre la memoria y la diferencia entre tocar una obra de memoria y tocar una obra automáticamente.

La partitura es un recurso fundamental para el músico, es como nuestro mapa, nuestra guía. Es importante crear en el alumno el hábito de estudiar con la partitura en frente. Antes comentaba que tocar de memoria no está mal, es totalmente necesario; de hecho, para poder dar los últimos toques a una obra y tocarla mucho mejor, estar pendiente de la interpretación, los matices, etc., es imprescindible saberla de memoria. Así, solo nos preocupamos de los detalles y no tenemos que estar pendientes de las notas y el ritmo. El problema es que esa memoria debe ser una memoria correcta. Cuando digo correcta, me refiero a que debemos sabernos las notas; aunque no estemos mirando la partitura, debemos tenerla en la mente, poder visualizarla, ser capaces de cantar las notas, empezar desde cualquier parte de la obra y saber por dónde vamos en la partitura. Esto solo se puede lograr si, cuando estamos aprendiendo una obra y estudiándola, tenemos la partitura en frente y tocamos mirándola, por partes, interiorizando las notas. Debemos crear una relación entre lo que estamos tocando y la partitura. Esto se logra con un estudio a conciencia.

Lo que ocurre con muchos alumnos es que se aprenden las obras de memoria de tanto tocarlas de arriba a abajo, pero luego, si se confunden en una nota, se quedan en blanco, no saben por dónde van y muchas veces no son capaces de continuar, sino que deben empezar desde el principio. A esto se le llama memoria mecánica, y no es bueno. Aprenderse las obras mecánicamente trae muchos problemas; uno de los principales es que, si al tocar nos confundimos, no podemos continuar, sino que nos quedamos atascados en ese pasaje, y la única forma de seguir es volviendo a empezar. Al no saber por dónde vamos en la partitura, tampoco podemos apoyarnos en ella.

Por todo esto, es fundamental estudiar con la partitura en el atril. Aunque sepamos las piezas de memoria, hay que tener la partitura en frente, mirarla de vez en cuando, saber por dónde vamos y qué estamos tocando. La partitura es una de nuestras mejores herramientas.

La memoria en el estudio individual de la música

Antes de pasar al siguiente punto, quiero detenerme en la memoria, ya que es un aspecto fundamental del estudio individual.

Como comentaba anteriormente, algo que muchos padres notan cuando sus hijos empiezan a aprender un instrumento es que algunas piezas parecen aprendérselas rápido, pero si se confunden en medio de la interpretación, no pueden continuar desde otro punto y tienen que volver a empezar desde el principio. Esto ocurre porque no han memorizado la música de forma consciente, sino de manera mecánica. Aunque pueda parecer que dominan la pieza, en realidad su conocimiento es frágil y poco flexible.

La **memoria mecánica** se desarrolla cuando un estudiante toca una pieza tantas veces que los dedos "se la aprenden solos," sin que la mente realmente procese lo que está ocurriendo. Funciona como cuando alguien se acostumbra a marcar un número de teléfono sin pensarlo o a tomar siempre la misma ruta al trabajo sin analizar cada giro que hace. El problema es que este tipo de memoria no permite adaptarse: si algo interrumpe la secuencia, el estudiante se desorienta y necesita regresar al inicio para poder continuar, porque en realidad no sabe lo que está tocando, solo lo repite por inercia.

Por otro lado, la **memoria bien estructurada** permite al estudiante recordar la música no solo con los dedos, sino también con la mente. Esto significa que sabe en qué tonalidad está la pieza, reconoce las notas y los acordes, comprende la estructura musical y, lo más importante, es capaz de empezar desde cualquier parte sin depender del orden exacto de los movimientos. Un alumno que desarrolla este tipo de memoria no solo toca con seguridad, sino que también tiene más facilidad para corregir errores, adaptarse en una presentación y hasta improvisar si fuera necesario.

Esto no significa que la memoria mecánica sea inútil, ya que es una parte natural del proceso de aprendizaje. Sin embargo, si se usa como único recurso, limita el crecimiento musical del estudiante. Lo ideal es que la memoria mecánica y la comprensión musical vayan de la mano: primero, asegurarse de que el alumno entiende lo que está tocando y luego permitir que la repetición ayude a consolidarlo.

Por eso, cuando un niño aprende una pieza, no basta con que pueda tocarla de principio a fin sin errores. Es importante que pueda identificar las notas, reconocer la estructura de la música, comenzar desde distintos puntos y, sobre todo, sentir que realmente sabe lo que está haciendo. Ese es el tipo de memoria que le permitirá no solo tocar bien una pieza, sino también desarrollar habilidades que le servirán para cualquier otra música que quiera aprender en el futuro.

Los diferentes tipos de memoria en la música

Cuando un niño aprende una pieza musical, no solo usa los dedos para tocarla, sino que activa distintos tipos de memoria que trabajan juntas para consolidar el aprendizaje. Si bien la memoria mecánica es la más evidente, hay otras igual de importantes que influyen en la seguridad y comprensión musical del estudiante.

Memoria mecánica

Se desarrolla cuando una pieza se repite muchas veces hasta que los dedos "se la aprenden solos." Es útil porque permite tocar con fluidez, pero si se usa como único recurso, el estudiante dependerá de la repetición automática y, si se equivoca, no podrá retomar desde otro punto sin volver a empezar.

Memoria visual

Algunos alumnos recuerdan la música visualmente, ya sea a través de la partitura o de la posición de sus manos en el instrumento. Esta memoria puede ser de gran ayuda, pero si se usa de forma aislada, puede generar dependencia de la partitura sin desarrollar un conocimiento profundo de la pieza.

Memoria auditiva

Es la capacidad de recordar la música a través del oído. Un estudiante con buena memoria auditiva puede cantar la melodía, identificar los cambios de armonía y corregir errores porque reconoce cuándo algo no suena como debería. Este tipo de memoria es fundamental para la interpretación musical y ayuda a reforzar la confianza al tocar.

Memoria analítica o conceptual

Es la más importante de todas y la que permite que un músico realmente entienda lo que está tocando. Consiste en conocer la estructura de la música, la tonalidad, los acordes, las relaciones entre las frases y el desarrollo melódico. Cuando un estudiante tiene una buena memoria analítica, no solo puede tocar una pieza de memoria, sino que también puede retomarla desde cualquier parte, adaptarse a errores y hasta improvisar sobre la misma base.

Memoria kinestésica

Está relacionada con la sensación física del movimiento al tocar. Es la memoria que permite recordar la sensación del arco en el violín, la presión sobre las teclas del piano o la forma en que se deben colocar los dedos en la guitarra. Es muy útil, pero si se usa de forma aislada, el estudiante puede depender demasiado de la sensación física y perderse si algo cambia en su postura o en la dinámica de la interpretación.

¿Cómo desarrollar una memoria musical completa?

El mejor aprendizaje ocurre cuando todos estos tipos de memoria se combinan. Un estudiante que solo se basa en la memoria mecánica o visual tendrá dificultades para realmente entender la música, mientras que alguien que incorpora la memoria auditiva, analítica y kinestésica tendrá un dominio mucho más profundo de lo que toca.

Por eso, al estudiar una pieza, no basta con repetirla muchas veces hasta que "salga sola." Es importante escucharla, analizarla, reconocer su estructura y probar diferentes puntos de inicio. Un buen músico no solo recuerda con los dedos, sino con el oído, la mente y el cuerpo. Esa es la clave para interpretar con seguridad y naturalidad.

Estudiar por partes

A mis alumnos, la frase "estudiar por partes" les va a sonar mucho, ya que siempre, cuando comenzamos a leer una obra, lo primero que hacemos es dividirla en fragmentos. Como profesora, considero que es la mejor forma de aprender y estudiar una pieza. Al dividirla en partes, podemos analizarla y comprenderla mejor. Muchas veces, la estructura de las piezas es sencilla, pero otras veces no lo es, y sea cual sea su dificultad, dividirla nos permite identificar qué pasaje se repite, cuál es similar a otro, cuál es el de mayor dificultad y, por lo tanto, el que más se debe practicar, etc. De esta forma, ayuda a aprender la pieza más rápido, porque intentar dominarla tocándola de principio a fin no es tan efectivo como hacerlo por partes, especialmente si se trata de una obra larga.

Vamos a hablar de cómo estudiar por partes correctamente.

Según mi criterio y experiencia, cuando comenzamos con una obra nueva, la dividimos en frases. Las frases son pequeños pasajes de la obra, como si fueran oraciones, pasajes que tienen, de alguna manera, una conclusión, es decir, que la melodía no queda incompleta. Personalmente, suelo marcarlas en la partitura y asignarles números o letras. A la hora de leer la pieza, esto ayuda mucho, ya que se trabaja por partes y se asimila mejor lo que estamos aprendiendo. Les digo a mis alumnos que, si intentamos aprender una obra de principio a fin sin parar, al llegar al final ya no recordamos cómo era el inicio; es como caminar sin rumbo, sin saber de dónde venimos ni a dónde vamos. Es necesario estudiar pequeños pasajes poco a poco. Por ello, al dividir la pieza y asignar números o letras a los pasajes, podemos estudiar de forma más organizada. Comenzamos con el pasaje 1 o A; si es una obra de piano, la leemos primero con manos separadas y, una vez seguras ambas manos, las juntamos. Pero, en cualquier caso, empezamos por un pasaje y, hasta que no esté seguro, no pasamos al siguiente, como el 2 o B. Una vez que dominamos ambos, los tocamos juntos y pasamos al 3 o C.

Dividir la obra por partes también nos ayuda a reconocer si hay algún pasaje que se repite. En ocasiones, dentro de la misma obra, encontramos pasajes iguales o muy similares. En ese caso, les asignamos el mismo número o letra. Si aparecen dos partes muy parecidas pero no exactamente iguales, me gusta ponerles el mismo número o letra, pero con alguna distinción, como A y A1 o 1 y 1a. Esto da un alivio a los alumnos al ver que hay otra parte que ya se saben y se repite. Los animo mucho con esto y les hago ver que la obra no es tan larga como parece.

Por otra parte, quiero aclarar que no siempre es necesario comenzar desde el inicio al estudiar por partes. Para algo hemos dividido la obra: para poder estudiar los pasajes más difíciles y, sobre todo, aquellos que nos resultan más complicados. También insisto mucho en estudiar de atrás hacia adelante. Esto puede sonar extraño, pero es muy simple: como siempre empezamos desde el principio, la parte que mejor sale casi siempre es la primera, y, en consecuencia, la última es la que menos se estudia y, por tanto, la más difícil de dominar. Por eso no es raro que muchos profesores, o en mi caso particular, insistan en practicar de atrás hacia adelante. Por ejemplo, si dividimos la obra en 10 frases, estudiamos primero la frase 10 hasta que esté lista, luego las frases 9 y 10 juntas, después las frases 8, 9 y 10, y así sucesivamente. A veces, este método resulta muy efectivo.

La lectura a primera vista

La lectura es uno de los pilares del aprendizaje musical y, por consiguiente, en la vida del músico. Es una herramienta sin la cual es muy difícil progresar; es como vivir sin saber leer. Como profesora, insisto mucho en que los alumnos desarrollen un buen nivel de lectura. Muchas veces se desesperan e impacientan porque quieren tocar a toda velocidad y se dan cuenta de que la lectura no va al mismo ritmo. Les explico que hay que tener paciencia. La lectura mejora, pero para ello hay que trabajarla de manera constante todos los días. Debemos darnos cuenta de que es como aprender un nuevo idioma, y como tal, no se entiende de la noche a la mañana, hay que practicarlo continuamente.

A menudo ocurre lo siguiente: como el alumno ve que no lee bien y le cuesta mantener la velocidad deseada, acaba dejando la partitura de lado y comienza a tocar de memoria y oído. Esto no le permite mejorar la lectura. Entonces, como dicen en España, es "la pescadilla que se muerde la cola."

Tenemos que fomentar en el alumno el hábito de la lectura. Recomiendo incluir siempre un ejercicio de lectura en cada clase o sesión de estudio individual. Algo sencillo, poco a poco. Si no se dispone del material adecuado, como libros de ejercicios de lectura a primera vista, se puede utilizar cualquier partitura, incluso una pieza del mismo libro que se está trabajando. A veces me gusta hacer el siguiente juego con los alumnos: cerramos los ojos y yo paso las páginas del libro hasta que ellos, con el dedo, señalan dónde quieren que me detenga, y esa hoja es la que deben leer despacio. Si es una pieza difícil, se puede estudiar con manos separadas o sólo una pequeña parte. El objetivo de la lectura es hacer que los alumnos trabajen piezas que no conozcan o que no hayan tocado antes, ya que, si la reconocen, no leen y comienzan a tocar de oído.

Muchos ejercicios de lectura se pueden hacer incluso sin instrumentos. Les hago reír cuando les digo que, si en vez de llevar el móvil o la tablet al baño, se llevaran un libro con un lápiz para escribir el nombre de las notas, leerían perfectamente. Creo que sería una gran idea crear un libro de ejercicios musicales para leer mientras se hace popó. Sería gracioso y útil. En el auto, de camino al colegio, en las vacaciones en la playa, antes de dormir en la cama, cualquier momento es perfecto para practicar un poco de lectura. Podemos usar tarjetas con notas musicales o pequeñas frases y sacarlas de vez en cuando a modo de desafío para que el niño nos diga el nombre de la nota y acumule puntos, o cualquier sistema que elijan los padres.

La lectura es importante, y si les cuesta, hay que insistir. Aunque al principio parezca aburrida por la falta de práctica, en realidad es fascinante cuando sabemos leer, es como cuando aprendemos a patinar: al principio nos cuesta equilibrarnos, pero, una vez que dominamos la técnica, disfrutamos muchísimo.

El entorno adecuado

A la hora de estudiar, es crucial contar con un entorno adecuado. El instrumento debe estar en un espacio libre de distracciones, con todo recogido y organizado, y las partituras y libros deben estar en su lugar. Es importante evitar tener cerca el televisor, la radio, el móvil, personas conversando o estar cerca de una ventana donde haya mucho tránsito de personas. Además, la iluminación debe ser la correcta. Todos estos factores evitan distracciones e interrupciones, lo que mejora el rendimiento del estudio. Este es un consejo que le recomiendo mucho a los padres.

En ocasiones, algunas familias tienen el teclado guardado porque el espacio es limitado. Cuando el alumno va a practicar, deben sacar el teclado, ponerlo encima de la mesa, armar el atril, conectarlo... Todo esto impide que el estudio sea algo espontáneo y fácil. Si hay trabas o impedimentos, no tendrá el mismo efecto y al alumno se le pueden quitar las ganas de estudiar. Todo debe estar listo para que, cuando el niño desee sentarse, pueda hacerlo sin pensarlo, en un ambiente que invite al estudio.

La correcta colocación del instrumento y, en el caso del piano, la altura de la banqueta, es crucial para la postura. Cuando la banqueta es demasiado alta o demasiado baja, compromete la postura. Esto no solo impide la correcta ejecución en el piano, sino que también puede traer dolores de espalda, cervicales y futuras lesiones. Lo ideal es que, al sentarse, los brazos queden en forma de L cuando se colocan en el teclado. Existen banquetas ajustables, que en mi opinión son ideales, ya que el alumno, al crecer, necesitará ir ajustando la altura. En caso de no contar con una banqueta ajustable, cualquier banqueta sirve, y si se necesita más altura, se puede usar algún cojín. Es importante evitar almohadas muy abultadas, ya que pueden resultar incómodas y resbaladizas. Algo fundamental que debe cumplir cada banqueta es no tener respaldo ni reposabrazos, ya que esto impide una correcta postura. Si un niño usa una silla, por más que le digamos que se eche hacia adelante y no se recueste, inconscientemente lo hará, lo cual es fatal para la postura al estudiar, ya que todo el peso del cuerpo debe estar dispuesto para los brazos, para utilizarlos al tocar. Al recostarse, no se tiene la fuerza ni el control necesario.

Con el violín y el violonchelo, algo que puede ayudar es tener el atril listo, abierto con las partituras y el instrumento al alcance de los niños. Algo que me piden mucho las profesoras de violín en la academia es un espejo, tanto en clases de violín como en clases de canto. En ambos casos es útil que el alumno se mire para corregir la postura, y en el caso del canto, realizar los ejercicios de respiración frente al espejo puede ayudarles a controlar sus movimientos y la respiración. En el caso del piano, sin embargo, un espejo es contraproducente, ya que no es necesario observarse mientras se mantiene la postura, y más bien puede distraer al alumno.

La paciencia

Así como la disciplina, la paciencia es un factor clave en la práctica. Debemos entender que el estudio de un instrumento requiere un desarrollo físico y motor que no se puede conseguir en poco tiempo. Una vez, llegó una madre a la academia y me dijo: "Quiero que mi hija toque esta canción para el cumpleaños de su abuela". A mí me pareció algo muy tierno, una motivación hermosa y genuina. Le pregunté: "¿Y cuándo es el cumpleaños?". Me contestó: "La próxima semana". Yo quedé un poco en shock; la niña tenía 9 años. Traté de explicarle a la madre que no podía asegurarle nada, ya que era una pieza no muy sencilla para aprender en 7 días, concretamente el *Nocturno No. 2 Op. 9* de Chopin. Ella me comentó que era la canción favorita de la abuela y que estaba dispuesta a pagar todas las clases necesarias, todos los días, dos horas si hacía falta. Honestamente, a mí siempre me gusta encontrar soluciones a todas las peticiones de mis alumnos, pero no sabía cómo hacerle entender a esta madre que era imposible que su hija, que no sabía nada de música, tocara esa obra en 7 días. Ella insistía en que la niña era muy inteligente.

No quise darle un "no" rotundo sin antes escuchar a la niña. Quizás estábamos ante un talento excepcional, y nada es imposible. Hay niños que tocan las obras con solo escucharlas una vez. Así que le di la primera clase de prueba y, efectivamente, la niña era muy inteligente, pero no tenía un don excepcional. Por lo tanto, me vi obligada a explicarle a la madre lo siguiente: "Es una niña sumamente talentosa, pero tocar una obra de semejante nivel no es posible en tan corto tiempo. El aprendizaje del piano requiere de un desarrollo físico que necesita, a su vez, tiempo". Es como si yo le digo a mi entrenador que necesito perder 30 libras para la próxima semana y tener el abdomen marcado para un evento y lucir un lindo vestido. Aunque no pruebe bocado y viva en el gimnasio esa semana, va a ser imposible. No es como coser un vestido, que tal vez, si estás 14 horas cosiendo todos los días, puedas hacer el trabajo de 3 meses en una semana. Esto no se trata de cantidad, sino de tiempo. Los resultados se ven a largo plazo.

Para no dejar la historia a medias, al final le propuse hacer un arreglo a la obra, una reducción muy básica solo de la parte más conocida, para que tocara la melodía, y me ofrecí para acompañarla. Llevamos a la abuela a la academia y fue la sorpresa más linda del mundo.

Es importante enseñarles a los niños a tener paciencia y saber esperar los resultados, ya que, repito, son a largo plazo. La verdad es que yo tengo mucha paciencia en clase, pero en mi vida cotidiana, poca. Yo también soy de las que le digo a mi entrenador que necesito perder 10 libras para el sábado. Pero la música me ha ayudado muchísimo en este aspecto.

Algo que me gusta mucho hacer con mis alumnos es documentar su progreso, con videos o grabaciones de audio. Cuando ven lo que tocaban hace 6 meses y lo comparan con las nuevas piezas, se animan muchísimo y se dan cuenta de que, con paciencia y trabajo, han conseguido mejorar, y que el progreso es poco a poco.

La teoría musical

Otra pieza clave en el aprendizaje del instrumento es la teoría musical. ¿Qué es la teoría musical y por qué es importante en este proceso?

Cuando un niño aprende a tocar un instrumento, no solo está entrenando sus manos y su oído, sino que también está desarrollando una nueva forma de entender el sonido. La teoría musical es el conjunto de conocimientos que explica cómo funciona la música y por qué las notas, los ritmos y los acordes se combinan de cierta manera para crear armonía.

Muchas veces, los niños ven la teoría como algo separado del instrumento, pero en realidad es una herramienta fundamental para que puedan tocar con seguridad y comprensión. Es como aprender a leer y escribir un idioma: un niño puede repetir frases de memoria sin saber lo que significan, pero cuando entiende las palabras y las reglas del lenguaje, puede formar sus propias oraciones con facilidad. Lo mismo ocurre con la música. Un estudiante que solo toca de oído o por repetición puede aprender piezas, pero tendrá dificultades para adaptarse, improvisar o comprender nuevas partituras si no ha desarrollado una base teórica.

La teoría musical les ayuda a los niños a leer partituras con mayor rapidez, a comprender la estructura de la música y a desarrollar una mejor memoria musical. Saber qué significa cada nota, cómo se forman los acordes y cómo se construyen los ritmos les da confianza y les permite avanzar con más fluidez. Además, refuerza su capacidad de análisis y mejora su creatividad, ya que les permite experimentar con nuevas ideas musicales en lugar de limitarse a repetir lo que ya conocen.

Por otro lado, la teoría también desarrolla el oído. Un niño que entiende cómo funcionan las escalas y los intervalos es capaz de reconocer patrones en la música y mejorar su afinación. Esto es especialmente útil en instrumentos de cuerda o viento, donde cada nota debe colocarse con precisión.

Lo más importante es que la teoría musical no debe enseñarse como algo aburrido o mecánico, sino como una herramienta que hace que tocar el instrumento sea más fácil y divertido. Cuando un niño ve la conexión entre lo que aprende en el papel y lo que toca con sus manos, la música deja de ser solo un ejercicio repetitivo y se convierte en un lenguaje que realmente comprende.

En definitiva, la teoría musical no es un obstáculo ni un conjunto de reglas rígidas, sino el puente que permite a los niños expresarse con libertad a través de la música. Aprender un instrumento sin conocer la teoría es como tratar de hablar sin entender las palabras. Cuanto mejor entiendan la música, más seguros y creativos serán al tocar, y sobre todo, más disfrutarán del proceso de aprendizaje.

El aporte de otros medios

Además, existen otras formas de apoyo que pueden ser de gran ayuda en el estudio, como los juegos y las aplicaciones educativas. Es cierto que los niños a menudo piden jugar, lo cual es completamente natural, pero si esos juegos están diseñados para aportar al aprendizaje musical, pueden ser una herramienta muy productiva. Por ejemplo, algunas aplicaciones permiten a los niños practicar ritmo, lectura de partituras y reconocimiento de notas de manera interactiva y divertida. De este modo, el juego deja de ser solo entretenimiento y se convierte en una extensión del estudio, reforzando conceptos de manera lúdica y motivadora.

En resumen, el estudio individual es esencial para el progreso de los niños en el aprendizaje de un instrumento. Para asegurar un desarrollo efectivo y constante, es fundamental tener en cuenta varios aspectos clave:

- **Precalentar y calentar** con ejercicios o escalas antes de comenzar con las piezas más complejas, preparando tanto el cuerpo como la mente para la práctica.
- **Establecer un hábito de estudio** que se adapte al nivel y la edad del niño, sin generar presión, pero con la regularidad necesaria para fomentar la disciplina y el amor por la música.
- **Crear un entorno adecuado** para el estudio, libre de distracciones y con la infraestructura necesaria para facilitar la práctica sin obstáculos.
- **Animar a los niños a estudiar despacio, por partes**, enfocándose en la lectura correcta y en la corrección de errores para asegurar una comprensión profunda de las piezas.
- **Tocar frente a amigos y familiares** para que los niños se familiaricen con la proyección, ganen confianza y mejoren su seguridad al ejecutar la música.
- **Fomentar la cultura musical** y el análisis de las obras, para que el alumno no solo repita las piezas, sino que entienda y aprecie el contexto, la estructura y la expresión de lo que está interpretando.
- **Brindar apoyo constante** y reconocer los logros, por pequeños que sean, para mantener alta la motivación y la autoestima del alumno.
- **Fomentar la lectura musical, incluso sin el instrumento**, para que el niño desarrolle habilidades de interpretación musical, no solo limitándose a lo que está tocando en ese momento.
- **Administrar correctamente el tiempo**, evitando

sobrecargar al alumno, pero también manteniendo una práctica constante y productiva.

El objetivo final de todo este proceso es formar a un alumno que, con el tiempo, sea capaz de identificar sus propios errores y encontrar la manera de corregirlos de manera autónoma. Junto con el apoyo y la orientación de su profesor, el estudiante debe llegar a ser autosuficiente, logrando una formación integral y sólida que le permita disfrutar y comprender la música de manera profunda y genuina.

Capítulo 7.
La cultura musical.

La cultura musical es un pilar fundamental en la formación de las futuras generaciones. No se trata solo de aprender a tocar un instrumento o conocer a los grandes compositores, sino de cultivar en los niños una sensibilidad especial que los haga más humanos, creativos y conscientes del mundo que los rodea.

Desde tiempos inmemoriales, la música ha sido un lenguaje universal que une a las personas, transmitiendo emociones, historias y valores de generación en generación. Si aspiramos a un futuro con seres humanos más empáticos, reflexivos y abiertos a nuevas ideas, debemos asegurarnos de que la música forme parte de su educación desde la infancia.

Un niño que crece rodeado de música desarrolla una perspectiva distinta de la vida. Aprende a escuchar, interpretar y expresarse con libertad. La música no solo educa el oído, sino también el alma. Forma individuos más sensibles, con mayor capacidad de concentración y disciplina, además de fomentar una conexión más profunda con su propia esencia.

Por ello, siempre insisto a los padres en la importancia de fomentar un ambiente de enriquecimiento cultural: llevar a sus hijos a conciertos y recitales, inculcarles el hábito de escuchar música de calidad y adecuada para su edad, y, sobre todo, despertar en ellos la curiosidad y el interés por la cultura. La cultura musical es un elemento clave en el estudio de cualquier instrumento y una herramienta invaluable para su desarrollo integral.

¿A quién no le ha pasado que tiene una melodía en la cabeza, la ha escuchado mil veces, pero no sabe su nombre ni quién la compuso? A todos, incluyéndome. Esto no es una falta de cultura; simplemente no somos enciclopedias vivientes. Sin embargo, podemos marcar la diferencia si, cuando surge la duda, nos tomamos el tiempo de investigar y resolverla.

Para los estudiantes de música, es fundamental conocer las obras que interpretan: quién las compuso, en qué época fueron creadas y qué estilo representan. Todos estos factores influyen en la interpretación. No se puede abordar una obra de Chopin con la misma actitud que una de Bach. Son compositores de épocas, estilos y vidas completamente distintas.

Cuando un buen músico interpreta una obra—que no tiene que ser la más virtuosa—, logra conmovernos, tocarnos esa fibra sensible. Esto se debe a la interpretación. Y aquí hago énfasis en la palabra *interpretar*, porque no es lo mismo tocar un instrumento que interpretar una obra. Se pueden ejecutar todas las notas correctamente, mantener el tempo y seguir las indicaciones al pie de la letra, pero si no se va más allá, si no se siente lo que se está tocando, si no se comprende quién fue el compositor, qué lo inspiró, qué vivencias marcaron esa obra y qué mensaje quiso transmitir, entonces es imposible comunicarlo al público. Lo que no conocemos ni nos convence, no podemos transmitirlo a los demás. Así de sencillo. Por eso es crucial fomentar en los alumnos la curiosidad por descubrir qué están tocando, quién lo compuso y cuál es su historia.

Cuando un músico se prepara para un concierto, lo primero que debe hacer, una vez tiene las partituras en mano, es lo que llamamos *trabajo de mesa*. Este proceso consiste en analizar la obra en profundidad: su estructura, el contexto histórico en el que fue creada, el estilo y las circunstancias del compositor en ese momento. Lo mismo ocurre en el teatro o el cine: los actores deben estudiar a su personaje, conocer su personalidad y su historia para poder transmitir el mensaje con autenticidad. Los músicos, de la misma manera, deben hacer este trabajo para lograr una interpretación genuina.

Veamos un ejemplo sencillo: una obra de Bach no puede interpretarse igual que una de Chopin.

El *Preludio y Fuga en Do mayor BWV 547* de Johann Sebastian Bach fue compuesto alrededor de 1725 para órgano. Bach, además de compositor, fue profesor, organista, clavecinista, director de orquesta, violinista, maestro de capilla, cantor y, por si fuera poco, padre de veinte hijos. Es importante destacar que el piano moderno fue creado en 1709, pero Bach nunca lo miró con buenos ojos, por lo que sus obras no fueron concebidas para este instrumento. En la música barroca (siglo XVII y primera mitad del XVIII), la dinámica era limitada, el registro del piano aún era restringido y algunos recursos, como el pedal, ni siquiera existían. Además, el tempo solía ser más rígido y regular. Por ello, al interpretar esta obra en piano, se deben considerar estos aspectos: no hacer reguladores de dinámica, sino mantenerla en niveles escalonados, evitar el uso del pedal y respetar un pulso constante.

Por otro lado, el *Estudio Op. 10, No. 12 en Do menor* de Chopin, compuesto alrededor de 1831, surge en un contexto completamente distinto. Este estudio apareció en plena *Revolución de los Cadetes* y el *Levantamiento de Polonia* de 1831, en el cual Chopin no pudo participar debido a su frágil estado de salud. Como consecuencia, volcó toda su angustia y frustración en su música, lo que le valió el sobrenombre de *Estudio Revolucionario*. En la primera mitad de la época romántica (siglo XIX), el piano alcanzó su máximo esplendor: se explotaron al máximo todos sus recursos, se amplió el registro, se incorporaron pasajes de escalas y arpegios vertiginosos, el uso del pedal se hizo indispensable y la dinámica adquirió un papel fundamental.

Chopin, en particular, fue un compositor de gran expresividad y pasión. Para interpretar esta obra, hay que considerar estos elementos: emplear el pedal con precisión, marcar los contrastes dinámicos y de tempo, y, sobre todo, expresar el dolor y la furia que Chopin plasmó en cada nota.

Aquí vemos claramente la enorme diferencia entre las vidas, estilos y obras de estos dos grandes compositores. Es imposible interpretar sus piezas de la misma manera, así como es imposible hacerlo correctamente sin conocer estos datos.

Cuando imparto clases, me encanta introducir un poco de cultura musical. Incluso con los bebés en las clases de estimulación musical temprana, trabajo desde el principio para que vayan conociendo a los compositores. Tengo una carpeta en mi iPad llamada "Compositores", donde guardo fotos de los más conocidos o destacados, y en cada clase dedicamos un tiempo a verlas, hablar de ellos y aprender sobre su música. Es muy gracioso cuando los pequeños de 1 y 2 años empiezan a reconocerlos y a balbucear sus nombres. Me llena de satisfacción saber que estoy sembrando esa semilla en ellos.

Con los más grandes, trato de hacerlo más dinámico. Jugamos a lo que yo llamo *Adivina el compositor*: toco una obra y ellos tienen que decir de quién es. Si no conocen la pieza, al menos pueden identificar la época y el estilo basándose en su carácter, dinámica, articulación y textura, lo que los acerca poco a poco al compositor correcto. Con el tiempo, van conociendo más piezas e incluso, en ocasiones, les cuento anécdotas curiosas sobre los compositores para hacer el aprendizaje más interesante y divertido.

Cuidado con la música que le pones a tus hijos

Los padres tienen la responsabilidad de supervisar, en la medida de lo posible, la música que escuchan sus hijos y, en edades tempranas, proporcionarles contenido adecuado para su desarrollo. En los tiempos que vivimos, es difícil alejarlos de la música inadecuada que predomina en la radio, la televisión y las redes sociales. Actualmente, muchas canciones son repetitivas, poco trabajadas, con mensajes vulgares, grotescos y de contenido violento o sexual.

Sin embargo, no se trata solo de culpar a los artistas. Recuerdo que, en una ocasión, una reconocida rapera estadounidense —cuyo nombre prefiero no mencionar— fue fuertemente criticada por el alto contenido sexual de sus canciones y videos. Se le acusaba de enviar un mensaje negativo a los niños y a las futuras generaciones. Su respuesta fue clara: ella no hacía música para niños, y eran los padres quienes debían preocuparse por lo que sus hijos escuchaban. Incluso, en una transmisión en vivo, mientras cantaba una de sus canciones, entró su hijo en la habitación y ella apagó la música de inmediato.

Con esto quiero decir que el problema no son los artistas en sí, nos gusten más o menos. Como sucede con el cine para adultos, que está estrictamente regulado y fuera del alcance de los niños, lo mismo debería aplicarse a la música con contenido explícito. A veces, los padres no se dan cuenta, pero muchas canciones narran las mismas escenas que aparecen en películas para adultos. Lo inapropiado no es solo visual, también es auditivo. Así como no permitiríamos que nuestros hijos vean escenas completamente inadecuadas, deberíamos protegerlos de escuchar canciones que describen esas mismas situaciones con el lenguaje más explícito y vulgar posible.

A menudo me sorprendo con la música que se escucha en algunos lugares públicos. Me preocupa profundamente porque, en estos casos, ya se escapa de nuestro control como padres y educadores.

Una experiencia preocupante

Como profesora, me gusta que mis alumnos participen en eventos comunitarios, sociales y culturales. En una ocasión, nuestra academia fue invitada a un evento de *vuelta a clases* en un parque cerca de la comunidad. Estábamos felices de participar: era a la 1 de la tarde, el parque estaba lleno de inflables, puestos de helados, caramelos, *hot dogs* y se repartían útiles escolares. Todo estaba pensado para familias con niños en edad escolar.

Entre presentación y presentación, ponían música para animar el ambiente. Sin embargo, cuando escuché la música que sonaba, casi me da un infarto. No puedo ni repetir las cosas que decían esas canciones porque, incluso siendo adulta, me daría vergüenza escucharlas, y más aún si estuviera en compañía de otras personas.

Corrí hasta donde estaba el DJ y le pedí, por favor, que cambiara la música, explicándole que estábamos en un evento infantil. Su respuesta fue que esa era la música que tenía. Pero lo peor fue darme cuenta de que parecía no importarle a nadie más. El público del lugar seguía ahí, como si nada. En ese momento pensé: *¿En qué nos estamos convirtiendo?*

Pido, por favor, a los padres que cuiden la música que ponen a sus hijos. No se dejen llevar por las modas, por ritmos pegadizos o por el simple hecho de que ciertas canciones suenan en la radio, la televisión y las tendencias en redes sociales. Como he mencionado en múltiples ocasiones, la música tiene un poder inmenso sobre la mente humana, especialmente en los niños, que están en pleno desarrollo y absorben todo sin filtros. Las letras de las canciones pueden influir en su forma de pensar, en su comportamiento y en su manera de ver la vida. Si desde pequeños están expuestos a mensajes que promueven la violencia, la falta de respeto o valores distorsionados, poco a poco los irán normalizando sin darse cuenta. Lo que empieza como una melodía pegajosa puede convertirse en una idea arraigada en su subconsciente. Cuando un niño escucha repetidamente música con mensajes erróneos, su cerebro la procesa y la asimila, incluso si no entiende completamente su significado. Con el tiempo, lo que parecía solo una canción divertida se transforma en una referencia sobre cómo debe actuar o qué es aceptable en la sociedad. Ahí es donde radica el peligro: si la música le dice que la agresividad es sinónimo de respeto, que el éxito se mide en bienes materiales, que las mujeres son objetos o que el valor de una persona está en su apariencia, esa será la visión que adoptará y replicará en su vida cotidiana.

Los mensajes subliminales actúan de la misma manera: penetran en el subconsciente sin que la persona lo perciba y, cuando menos lo espera, ya han moldeado su forma de pensar. No importa si el mensaje es directo o está disfrazado en una letra aparentemente inofensiva, el cerebro lo recibe y lo guarda. Lo preocupante es que, cuando algo se repite una y otra vez, termina aceptándose como una verdad incuestionable. Así, la música puede convertirse en una herramienta para fortalecer mentes críticas y conscientes o, por el contrario, en un mecanismo para condicionar a las nuevas generaciones a aceptar ideas dañinas sin notarlo.

Los niños necesitan crecer con música que los eleve, que los haga reflexionar, que les enseñe a valorar lo verdaderamente importante. La música no es solo entretenimiento; es una forma de educar y de influir en la manera en que percibimos el mundo. Si queremos generaciones más sanas, seguras de sí mismas y con valores sólidos, debemos ser conscientes de lo que permitimos que escuchen. Porque lo que entra por los oídos llega directo a la mente y al corazón.

Fomentar la cultura musical no es un lujo ni un complemento: es una necesidad. En un mundo acelerado, donde la tecnología avanza a pasos agigantados y las relaciones humanas tienden a volverse superficiales, la música sigue siendo un refugio donde las emociones encuentran su espacio y las personas pueden conectar entre sí de manera auténtica.

Si queremos un futuro mejor, con generaciones más inteligentes, sensibles y equilibradas, debemos darle a la música el lugar que merece en la infancia. Porque un niño que crece rodeado de buena música será un adulto con una visión más profunda y enriquecedora de la vida.

Resumen de los principales estilos musicales, sus características y compositores destacados

Los períodos musicales no existen en aislamiento; están estrechamente ligados a los movimientos artísticos, filosóficos y sociales de su época. Cada estilo musical surge en un contexto histórico específico, reflejando los valores, avances y cambios de la sociedad que lo vio nacer.

A continuación, he querido compartirles un muy pequeño resumen de los principales estilos musicales a lo largo de la historia.

1. Música Antigua
(hasta aproximadamente el siglo IX d.C.)

Características principales:

- **Música monódica:** Las primeras expresiones musicales eran monofónicas, es decir, consistían en una sola línea melódica sin armonización. Esto permitía una ejecución sencilla y favorecía la memorización, algo crucial en sociedades donde la transmisión oral era la norma.

- **Función ritual y ceremonial:** La música en las civilizaciones antiguas tenía un propósito principalmente religioso, mágico o ceremonial. Se usaba en rituales funerarios, festividades, cultos religiosos y actos cívicos. En el Antiguo Egipto, por ejemplo, se empleaba en templos y rituales de purificación, mientras que en Mesopotamia se utilizaba en ceremonias palaciegas y liturgias.

- **Instrumentación rudimentaria:** Los instrumentos

variaban según la región, pero los más comunes eran:

- *Lira y cítara:* Instrumentos de cuerda pulsada utilizados en Grecia y Roma, asociados con la educación y la poesía.
- *Aulós:* Un instrumento de viento de doble caña similar al oboe, empleado en festivales dionisíacos griegos.
- *Tambores y címbalos:* Usados en ceremonias religiosas, especialmente en Egipto y Mesopotamia.
- *Sistro:* Un instrumento de percusión característico del culto a la diosa egipcia Hathor.

- **Música y poesía:** En las civilizaciones grecorromanas, la música estaba estrechamente ligada a la poesía y la danza. Los poetas recitaban sus versos acompañados de la lira (de ahí el término *lírica*). Se creía que la música tenía un efecto directo en el alma y el comportamiento humano, una idea central en la teoría del *ethos* desarrollada por los griegos.

- **Teoría musical y desarrollo de escalas:** Los griegos establecieron un sistema de escalas musicales basadas en tetracordos (*dóricos, frigios, lidios*), que influyeron en la música occidental posterior. Pitágoras estudió la relación matemática entre los sonidos y desarrolló la base teórica de la afinación musical.

- **Orígenes de la notación musical:** Aunque la música se transmitía principalmente de manera oral, algunas civilizaciones desarrollaron sistemas primitivos de notación. En Mesopotamia, se han encontrado tablillas cuneiformes con indicaciones musicales, mientras que en Grecia se usaban símbolos alfabéticos para representar alturas y ritmos.

Culturas y ejemplos musicales:

Mesopotamia
(Sumerios, Acadios, Babilonios, Asirios)

- Primera notación musical conocida: tablillas con himnos escritos en escritura cuneiforme.
- Uso de la música en ceremonias religiosas, especialmente en templos dedicados a dioses como Enlil y Enki.
- Instrumentos clave: liras, arpas, tambores y flautas.

Antiguo Egipto

- La música estaba presente en rituales religiosos, fiestas y cortejos fúnebres.
- Existencia de coros y músicos profesionales en la corte del faraón.
- Instrumentos clave: liras, arpas, sistros, flautas de caña y oboes dobles.

Grecia Clásica

- Música fundamental en la educación y la filosofía (*Platón* y *Aristóteles* discutieron su influencia en la moral y la conducta).
- Desarrollo del sistema de escalas (*modos griegos*) y de la teoría del *ethos musical.*
- Obras musicales: fragmentos de himnos y epitafios, como el *Epitafio de Seikilos* (siglo I a.C.), la composición musical completa más antigua conocida.
- Instrumentos clave: lira, aulós, cítara.

Imperio Romano

- Influencia directa de la música griega, aunque con un enfoque más práctico y militar.

- Uso de trompetas y cornos en ceremonias, desfiles y combates.
- No se desarrolló un gran corpus de teoría musical, pero sí se mantuvieron los sistemas griegos.

Filósofos y teóricos destacados:

- **Pitágoras (siglo VI a.C.):**
  - Descubrió la relación matemática entre los intervalos musicales y estableció la base de la afinación basada en proporciones.
- **Platón (siglo IV a.C.):**
  - En *La República*, argumenta que la música influye en la moral y el carácter de los ciudadanos.
- **Aristóteles (siglo IV a.C.):**
  - En *Política*, discute la importancia de la música en la educación y la formación del alma.
- **Aristoxeno (siglo IV a.C.):**
  - Discípulo de Aristóteles, escribió tratados sobre teoría musical y el ritmo.
- **Boecio (siglo VI d.C.):**
  - En *De Institutione Musica*, clasificó la música en tres tipos:
    - *Musica mundana* (armonía cósmica del universo).
    - *Musica humana* (armonía en el alma y el cuerpo).
    - *Musica instrumentalis* (música producida por instrumentos y voces).

La música antigua sentó las bases para el desarrollo posterior de la música occidental. Aunque pocas partituras han sobrevivido, los principios teóricos desarrollados por los griegos influyeron en la Edad Media y más allá. La idea de que la música tiene un impacto en la psicología humana sigue siendo relevante hoy en día, y la notación primitiva permitió el posterior desarrollo de la escritura musical en la Edad Media.

2. Período Medieval
(aproximadamente siglo IX - siglo XV)

Características principales:

- **Aparición de la notación musical:** Durante la Alta Edad Media, la música se transmitía oralmente. Sin embargo, la necesidad de estandarizar el canto litúrgico llevó a la creación de un sistema de notación musical. Guido de Arezzo desarrolló un sistema de líneas y espacios que evolucionó en el pentagrama moderno, facilitando la preservación y difusión de la música.

- **Predominio del canto gregoriano:** El canto gregoriano es una forma de música sacra monódica, es decir, con una sola línea melódica sin acompañamiento instrumental. Se interpretaba en latín y estaba destinado a la liturgia de la Iglesia Católica. Caracterizado por su estilo melismático (varias notas sobre una misma sílaba) y su ritmo libre, buscaba inducir un estado meditativo y solemne en los fieles.

- **Desarrollo de la polifonía:** Hacia el siglo IX, los músicos comenzaron a experimentar con el *organum*, una técnica en la que se añadían nuevas voces a la melodía principal del canto gregoriano. A medida que avanzó el periodo, surgieron formas más complejas de polifonía, culminando en la Escuela de Notre Dame en París, donde Léonin y Pérotin escribieron algunas de las primeras piezas polifónicas con notación rítmica definida.

- **Diversificación de la música profana:** Aunque la Iglesia dominaba la producción musical, a partir del siglo XII, la música secular comenzó a florecer. En Francia, los trovadores y troveros (poetas-músicos de las cortes) componían canciones sobre el amor cortés, la naturaleza y la vida caballeresca. En Alemania, sus equivalentes eran los Minnesänger. Esta música profana solía acompañarse con instrumentos como laúd, viela y flautas.

- **Surgimiento de nuevas formas musicales:**

    - *Organum:* Primeras formas polifónicas basadas en el canto gregoriano.
    - *Motete:* Evolución del organum con textos adicionales en las voces superiores.
    - *Conductus:* Canciones sacras en latín, pero con mayor libertad rítmica.
    - *Cansó, balada, virelai y rondeau:* Formas profanas características de trovadores y troveros.

- **Aparición de la Ars Nova (siglo XIV):** En el siglo XIV, la música experimentó un cambio significativo con el movimiento conocido como *Ars Nova*, encabezado por Philippe de Vitry y Guillaume de Machaut. Se introdujeron nuevas técnicas rítmicas y una mayor independencia entre las voces, lo que dio lugar a una música más sofisticada y expresiva.

Compositores destacados y obras de referencia:

- **Guido de Arezzo (Italia, siglo XI):**
  - *Desarrolló la notación musical basada en líneas y espacios*
  - *Introdujo el sistema de solmización (precursor del solfeo moderno)*
- **Léonin (Francia, siglo XII):**
  - *Magnus Liber Organi* (primer tratado de polifonía)
- **Pérotin (Francia, siglo XII-XIII):**
  - *Viderunt Omnes* (ejemplo temprano de polifonía a cuatro voces)
- **Hildegard von Bingen (Alemania, siglo XII):**
  - *Ordo Virtutum* (drama litúrgico con música)
  - *O virga ac diadema* (himno sacro)
- **Adam de la Halle (Francia, siglo XIII):**
  - *Le Jeu de Robin et Marion* (una de las primeras óperas medievales)
  - *Douce Dame Jolie* (canción trovadoresca)
- **Guillaume de Machaut (Francia, siglo XIV):**
  - *Messe de Nostre Dame* (primera misa polifónica completa compuesta por un solo autor)
  - *Doulz Viaire Gracieus* (motete profano)
- **Philippe de Vitry (Francia, siglo XIV):**
  - *Ars Nova* (tratado que revolucionó la música medieval)
- **Francesco Landini (Italia, siglo XIV):**
  - *Ecco la primavera* (música profana italiana)

La música medieval sentó las bases para la evolución de la música occidental. La invención de la notación musical permitió la transmisión precisa de obras, asegurando su preservación a lo largo del tiempo. El desarrollo de la polifonía abrió el camino para los estilos más complejos que surgirían en el Renacimiento y el Barroco.

Además, la música medieval refleja la sociedad de su época: desde la solemnidad religiosa del canto gregoriano hasta las expresiones poéticas de los trovadores, capturando la espiritualidad, la cultura cortesana y la vida cotidiana de la Edad Media.

3. Período Renacentista (aproximadamente siglo XV - siglo XVI)

Características principales:

- **Perfeccionamiento de la polifonía:** La música renacentista se caracteriza por un mayor equilibrio y fluidez entre las voces. Se busca la claridad y armonía en la superposición de líneas melódicas, evitando los extremos contrastes del periodo medieval. La polifonía se vuelve más refinada y melódica, con un énfasis en la imitación entre las voces.
- **Expansión de la música profana junto con la música sacra:** Aunque la música religiosa sigue siendo predominante, el Renacimiento marca un auge de la música secular. Surgen géneros como el madrigal, la chanson y la frottola, que abordan temas amorosos, pastorales y sociales.
- **Uso del contrapunto imitativo:** Se desarrolla ampliamente el contrapunto imitativo, donde una melodía es repetida en distintas voces con ligeras variaciones, creando una textura rica y entrelazada. Esta técnica se convierte en un sello distintivo de la música coral renacentista.

- **Desarrollo de nuevas formas vocales:**

    - *El motete*: Composición sacra polifónica en latín, utilizada en el repertorio religioso.
    - *El madrigal*: Canción secular a varias voces con gran expresividad y uso del texto como guía musical. Popular en Italia y luego en Inglaterra.
    - *La chanson*: Canción polifónica secular francesa con temáticas ligeras o amorosas.

- **Importancia del texto y su relación con la música:** Se busca que la música refleje el significado del texto, utilizando técnicas como el *madrigalismo* (pintar musicalmente las palabras). Este recurso se convierte en una práctica clave del periodo.

- **Avances en la notación musical:** Se perfecciona la notación mensural blanca, permitiendo mayor precisión en la escritura rítmica. Esto facilita la composición de estructuras más complejas y equilibradas.

- **Mayor presencia de instrumentos:** Aunque la música vocal sigue siendo la principal, la música instrumental comienza a desarrollarse con mayor independencia. Se utilizan instrumentos como el laúd, la vihuela, la flauta dulce y el clavecín.

- **Desarrollo de la música en diferentes regiones:**

    - Italia y los Países Bajos se consolidan como centros musicales influyentes.
    - En España florece la música polifónica religiosa con un estilo propio.
    - Inglaterra desarrolla una tradición madrigalista única.

Compositores destacados y obras de referencia:

- **Giovanni Pierluigi da Palestrina (Italia)**
  - □ *Missa Papae Marcelli* (misa polifónica)
  - □ *Sicut Cervus* (motete sacro)
- **Josquin des Prez (Francia/Bélgica)**
  - □ *Ave Maria… Virgo Serena* (motete)
  - □ *Missa Pange Lingua* (misa basada en canto llano)
- **Tomás Luis de Victoria (España)**
  - □ *O Magnum Mysterium* (motete sacro)
  - □ *Requiem (Officium Defunctorum)* (música fúnebre)
- **Orlando di Lasso (Países Bajos/Alemania)**
  - □ *Matona mia cara* (madrigal)
  - □ *Lagrime di San Pietro* (ciclo de motetes)
- **William Byrd (Inglaterra)**
  - □ *Ave Verum Corpus* (motete sacro)
  - □ *The Earl of Salisbury Pavane* (música instrumental para teclado)
- **John Dowland (Inglaterra)**
  - □ *Flow, My Tears* (canción para laúd y voz)
  - □ *Lachrimae* (suite para laúd y conjunto de violas)
- **Claudio Monteverdi (Italia, transición al Barroco)**
  - □ *Cruda Amarilli* (madrigal)
  - □ *Vespro della Beata Vergine* (obra sacra)

La música renacentista representa una etapa fundamental en la historia musical, donde la polifonía alcanzó su máximo esplendor y se establecieron formas que influirían en la música de los siglos posteriores. Este periodo no solo refinó las técnicas compositivas, sino que también reflejó los ideales humanistas de la época, con una mayor conexión entre el texto y la música.

Además, con la invención de la imprenta musical en el siglo XVI, la difusión de la música se amplió significativamente, permitiendo que las obras de grandes compositores llegaran a un público más amplio. La expansión de la música profana y el desarrollo de la música instrumental sentaron las bases para la evolución del Barroco, marcando el comienzo de una era de mayor sofisticación musical.

4. Barroco (aproximadamente 1600-1750)

Características principales:

- **Dramatismo y expresividad:** La música barroca busca emocionar al oyente a través del uso de contrastes, adornos melódicos y una mayor intensidad expresiva.
- **Contrastes dinámicos y texturales:** Uso del *terrace dynamics* (dinámica escalonada), con cambios súbitos entre fuerte y suave en lugar de transiciones graduales. También se exploran contrastes entre texturas homofónicas (melodía acompañada) y polifónicas (varias melodías simultáneas).
- **Uso del bajo continuo:** Una línea de bajo constante interpretada por instrumentos como el clavecín, el órgano o la tiorba, que sostiene la armonía de la pieza y permite mayor libertad en la improvisación.
- **Auge de la música instrumental:** Se desarrollan nuevas formas musicales como el concierto, la sonata

y la suite. Se perfeccionan los instrumentos de cuerda, especialmente el violín.

- **Expansión de la orquesta:** Se amplía el uso de instrumentos de viento y percusión, y la música instrumental adquiere una importancia similar a la vocal.
- **Surgimiento de la ópera:** Nace en Italia con Claudio Monteverdi y se convierte en el género musical más innovador del período, combinando música, teatro y poesía.
- **Desarrollo del contrapunto:** Especialmente con Bach, la polifonía alcanza su máxima sofisticación a través de fugas y cánones complejos.

Compositores destacados y obras de referencia:

- **Claudio Monteverdi (Italia)**
  - *L'Orfeo* (ópera)
  - *Vespro della Beata Vergine* (música sacra)
- **Arcangelo Corelli (Italia)**
  - *Concerti Grossi Op. 6* (conciertos)
  - *Sonatas para violín y bajo continuo*
- **Domenico Scarlatti (Italia/España)**
  - *Sonatas para clavecín* (más de 500 obras)
- **Antonio Vivaldi (Italia)**
  - *Las cuatro estaciones* (conciertos para violín)
  - *Gloria* (música coral)
- **Johann Sebastian Bach (Alemania)**
  - *Conciertos de Brandeburgo* (conciertos para orquesta)
  - *Misa en si menor* (música sacra)
  - *El arte de la fuga* (obra contrapuntística)

- **George Frideric Handel (Alemania/Inglaterra)**
    - *El Mesías* (oratorio)
    - *Música acuática* (suite orquestal)
    - *Música para los reales fuegos artificiales* (música ceremonial)

El Barroco fue un período de gran experimentación y consolidación de formas musicales que sentaron las bases para el Clasicismo. Su énfasis en la expresividad, la ornamentación y la estructura formal ha dejado un legado fundamental en la historia de la música.

5. Clasicismo (aproximadamente 1750-1820)

Características principales:

- **Búsqueda de equilibrio, claridad y simetría:** A diferencia del estilo ornamentado y dramático del Barroco, la música clásica prioriza la claridad estructural, la sencillez melódica y la simetría en las frases musicales. Se buscaba un balance entre emoción y forma, evitando excesos decorativos.

- **Nacimiento de la orquesta sinfónica:** Durante este período, la orquesta adquirió una forma más estandarizada con secciones bien definidas:
    - Cuerdas: Violines, violas, violonchelos y contrabajos.
    - Vientos madera: Flautas, oboes, clarinetes (introducidos en esta época) y fagotes.
    - Vientos metal: Trompas y trompetas.
    - Percusión: Timbales y, ocasionalmente, otros instrumentos de percusión.

- **Desarrollo de formas musicales estructuradas:** La música clásica se caracteriza por el uso de estructuras formales bien definidas, como:
  - **Forma sonata:** Base de los primeros movimientos en sinfonías, sonatas y cuartetos. Se divide en exposición, desarrollo y reexposición.
  - **Sinfonía:** Composición orquestal en varios movimientos, con una estructura generalmente en cuatro partes: rápido-lento-minueto-rápido.
  - **Concierto:** Obra para solista y orquesta, típicamente en tres movimientos (rápido-lento-rápido).
  - **Cuarteto de cuerda:** Composición de música de cámara para dos violines, viola y violonchelo.
  - **Sonata:** Composición para instrumento solista (como el piano) o para dúos, con una estructura basada en la forma sonata.

- **Importancia de la música instrumental:** Aunque la ópera y la música vocal seguían siendo populares, la música instrumental alcanzó un desarrollo sin precedentes con la sinfonía, el cuarteto de cuerda y el concierto.

- **Expresión contenida y contrastes dinámicos:** La música clásica utiliza cambios dinámicos suaves y graduados (*crescendo* y *diminuendo*), en contraste con los fuertes contrastes típicos del Barroco.

- **Aparición del piano como instrumento clave:** El clavecín, predominante en el Barroco, fue sustituido progresivamente por el pianoforte, que permitía un rango dinámico más amplio y una mayor expresividad.

Compositores destacados y obras de referencia:

- **Joseph Haydn (Austria):**
  Considerado el "padre de la sinfonía" y el "padre del cuarteto de cuerda", su música estableció muchas de las bases del clasicismo.

  - ☐ *Sinfonía No. 94 "Sorpresa"*
  - ☐ *Cuartetos de cuerda, Op. 76*
  - ☐ *La creación* (oratorio)

- **Wolfgang Amadeus Mozart (Austria):**
  Genio precoz, compuso en casi todos los géneros con un equilibrio perfecto entre técnica y emoción.

  - ☐ *Sinfonía No. 40 en sol menor*
  - ☐ *Réquiem*
  - ☐ *Concierto para piano No. 21 en do mayor*
  - ☐ *Ópera: Don Giovanni, La flauta mágica, Las bodas de Fígaro*

- **Ludwig van Beethoven (Alemania):**
  Figura de transición entre el Clasicismo y el Romanticismo, expandió los límites de la sinfonía y el lenguaje musical.

  - ☐ *Sinfonía No. 9 "Himno a la alegría"*
  - ☐ *Sonata para piano No. 14 "Claro de luna"*
  - ☐ *Concierto para piano No. 5 "Emperador"*
  - ☐ *Ópera: Fidelio*

- **Christoph Willibald Gluck (Alemania):**
  Reformador de la ópera, buscó mayor naturalidad y expresividad en la música dramática.

  - ☐ *Orfeo y Eurídice*
  - ☐ *Alceste*

- **Muzio Clementi (Italia/Inglaterra):** Destacado pianista y compositor, influyó en la evolución de la técnica pianística.

    - *Sonatinas para piano, Op. 36*

El período clásico sentó las bases para gran parte de la música occidental moderna. Su énfasis en la estructura y el equilibrio formal sigue siendo un referente en la composición. Además, el desarrollo de la orquesta sinfónica y la consolidación del piano marcaron el camino para la evolución del Romanticismo y los movimientos posteriores.

6. Romanticismo (aproximadamente 1820-1900)

Características principales:

- **Expresión intensa de emociones:** La música romántica se distingue por su énfasis en la emoción y el sentimiento, con una fuerte carga expresiva que abarca el amor, el sufrimiento, la naturaleza, lo sobrenatural y el destino. Las melodías son más expansivas, con líneas melódicas más amplias y envolventes que evocan una profunda sensibilidad.

- **Ampliación de la orquesta:** La orquesta creció en tamaño y variedad de instrumentos, incorporando más metales y percusión para aumentar la potencia sonora y el dramatismo. Se añadieron instrumentos como:

    - Tuba y más trompas en la sección de metales.
    - Arpa y celesta en la sección de cuerdas y percusión.
    - Percusión más variada, incluyendo platillos, bombo y triángulo.

- **Mayor libertad estructural y armonías más complejas:** A diferencia del período clásico, donde las formas eran más estrictas, los compositores románticos experimentaron con estructuras más flexibles. Además, introdujeron armonías más audaces y modulaciones inesperadas, ampliando la expresividad musical.
- **Nacionalismo musical:** Inspirados en la identidad cultural de sus países, muchos compositores incorporaron elementos de la música folclórica, como danzas y melodías tradicionales, para crear un sonido distintivo. Esto dio origen a escuelas nacionales en países como Rusia, España, Noruega y Bohemia.
- **Uso del leitmotiv:** Introducido principalmente por Richard Wagner, el leitmotiv es un motivo musical recurrente asociado a un personaje, emoción o idea, especialmente en la ópera.

Géneros principales:

- **Sinfonía:** Más extensa y expresiva que en la época clásica, con mayor riqueza tímbrica y orquestación más elaborada. Ejemplo: *Sinfonía No. 6 "Patética"* de Tchaikovsky.
- **Poema sinfónico:** Obra orquestal de un solo movimiento basada en una historia, personaje o idea, con un carácter programático. Ejemplo: *Los preludios* de Franz Liszt.
- **Ópera romántica:** Se centra en la expresión dramática, con melodías más apasionadas y una mayor integración entre música y teatro. Ejemplo: *La Traviata* de Verdi.
- **Lied (canción alemana):** Canciones para voz y piano con textos poéticos, en muchos casos inspirados en el amor

y la naturaleza. Ejemplo: *Erlkönig* de Schubert.

- **Música para piano:** El piano se convirtió en el instrumento estrella del Romanticismo, con obras que exploran su capacidad expresiva y técnica. Ejemplo: *Nocturnos* de Chopin.

Compositores destacados y obras de referencia:

- **Franz Schubert (Austria):**
  Maestro del *lied* y de la música de cámara, combinó melodía y poesía de forma innovadora.

  - *Erlkönig* (lied)
  - *Quinteto "La trucha"*
  - *Ave María*

- **Robert Schumann (Alemania):**
  Gran exponente del romanticismo pianístico y de la música de cámara.

  - *Álbum de la Juventud*
  - *Carnaval*
  - *Sinfonía No. 3 "Renana"*

- **Frédéric Chopin (Polonia):**
  Revolucionó la escritura para piano con un estilo poético y técnicamente exigente.

  - *Nocturnos*
  - *Preludios*
  - *Concierto para piano No. 1*

- **Johannes Brahms (Alemania):**
  Considerado un continuador de la tradición clásica con un enfoque romántico.

  - *Sinfonía No. 3*
  - *Concierto para piano No. 2*
  - *Réquiem alemán*

- **Pyotr Ilyich Tchaikovsky (Rusia):**
Famoso por su música emocional y su capacidad para escribir melodías inolvidables.

    - ☐ *El lago de los cisnes*
    - ☐ *El Cascanueces*
    - ☐ *Sinfonía No. 6 "Patética"*

- **Giuseppe Verdi (Italia):**
Figura clave de la ópera romántica italiana, combinando melodía, dramatismo y emoción.

    - ☐ *La Traviata*
    - ☐ *Aida*
    - ☐ *Nabucco*

- **Richard Wagner (Alemania):**
Revolucionó la ópera con el uso del leitmotiv y su concepto de "obra de arte total" (*Gesamtkunstwerk*).

    - ☐ *El anillo del nibelungo*
    - ☐ *Tristán e Isolda*
    - ☐ *Lohengrin*

- **Hector Berlioz (Francia):**
Innovador en la orquestación y pionero del poema sinfónico.

    - ☐ *Sinfonía Fantástica*
    - ☐ *La condenación de Fausto*

- **Franz Liszt (Hungría):**
Virtuoso del piano y creador del poema sinfónico.

    - ☐ *Rapsodias húngaras*
    - ☐ *Los preludios*

- **Antonín Dvořák (Bohemia - República Checa):**
Representante del nacionalismo checo, combinó elementos folclóricos con el sinfonismo.

- *Sinfonía No. 9 "Del Nuevo Mundo"*
- *Danzas eslavas*

- **Edvard Grieg (Noruega):**
  Capturó el espíritu de la música noruega en sus composiciones.

  - *Peer Gynt Suite*
  - *Concierto para piano en la menor*

- **Nikolái Rimski-Kórsakov (Rusia):**
  Destacado orquestador y miembro del "Grupo de los Cinco".

  - *Scheherazade*
  - *Capricho español*

El Romanticismo amplió los horizontes de la música, tanto en su capacidad expresiva como en la expansión de la orquesta y las formas musicales. Su énfasis en la emoción y la individualidad influyó en movimientos posteriores como el Impresionismo y el Modernismo, y muchas de sus obras siguen siendo parte fundamental del repertorio actual.

7. Música del Siglo XX (aproximadamente 1900-2000)

Características principales:

- **Diversidad de estilos:** El siglo XX fue una de las épocas más diversas en la historia de la música, influenciado por los profundos cambios sociales, políticos y tecnológicos que marcaron la humanidad. Guerras mundiales, revoluciones, avances científicos y la globalización impactaron el arte en todas sus formas, dando lugar a una multiplicidad de corrientes tanto en la música de concierto como en la música popular. Entre ellas encontramos: el Impresionismo, el Expresionismo, el Folklorismo, el Neoclasicismo, el Dodecafonismo, el Serialismo, el Ruidismo, el Jazz, el Rock, el Pop, la Música Electrónica y la música experimental, entre otras muchas tendencias y subgéneros.

- **Experimentación con el sonido:** Los compositores rompieron con las reglas tradicionales de la armonía y exploraron nuevas sonoridades, texturas y técnicas. Se desarrolló la atonalidad (música sin una tonalidad central), el dodecafonismo y el serialismo, introducidos por Arnold Schoenberg y sus discípulos de la Segunda Escuela de Viena.

- **Ritmos complejos:** Se produjo una evolución en el uso del ritmo, con el desarrollo de métricas irregulares, polirritmias y estructuras asimétricas, como las exploradas por Igor Stravinsky o Béla Bartók.

- **Influencia de la música popular y el jazz:** La línea entre la música académica y la música popular comenzó a desdibujarse. Compositores como George Gershwin y Leonard Bernstein integraron elementos del jazz, mientras que músicos de rock y pop, como The Beatles y Frank Zappa, exploraron estructuras y armonías propias de la música clásica.

- **Uso de la tecnología:** Los avances en grabación y electrónica permitieron la creación de música concreta y electrónica. Compositores como Pierre Schaeffer y Karlheinz Stockhausen usaron sintetizadores, grabaciones y procesamiento de sonido para explorar nuevas posibilidades tímbricas.

- **Minimalismo:** Surgió como una respuesta a la complejidad de la música serial, caracterizándose por la repetición de pequeñas células musicales con cambios graduales, generando estructuras hipnóticas. Sus principales exponentes incluyen a Philip Glass, Steve Reich y Terry Riley.

- **Neoclasicismo:** En un intento de recuperar la claridad formal de épocas anteriores, compositores como Igor Stravinsky y Sergei Prokofiev reintrodujeron estructuras y formas clásicas, pero con armonías y enfoques modernos.

Compositores destacados y obras representativas:

MÚSICA DE CONCIERTO:

- **Claude Debussy (Francia):**
  Preludio a la siesta de un fauno, La Mer, Clair de Lune.

- **Maurice Ravel (Francia):**
  Bolero, Rapsodie Espagnole, Concierto para la mano izquierda.

- **Arnold Schoenberg (Austria):**
  Pierrot Lunaire, Suite para piano, Verklärte Nacht.

- **Igor Stravinsky (Rusia):**
  La consagración de la primavera, Petrushka, Sinfonía de los salmos.

- **Béla Bartók (Hungría):**
  Mikrokosmos, Concierto para orquesta, Música para cuerdas, percusión y celesta.

- **Sergei Prokofiev (Rusia):**
  Pedro y el lobo, Sinfonía Clásica, Romeo y Julieta (ballet).

- **Dmitri Shostakóvich (Rusia):**
  Sinfonía No. 5, Cuarteto de cuerdas No. 8, Concierto para piano No. 2.

- **Olivier Messiaen (Francia):**
  Cuarteto para el fin de los tiempos, Sinfonía Turangalîla.

- **John Cage (EE.UU.):**
  4'33", Sonatas y interludios (para piano preparado).

- **Karlheinz Stockhausen (Alemania):**
  Gesang der Jünglinge, Kontakte (música electrónica).

Música con influencia popular y jazz:

- **George Gershwin (EE.UU.):**
  Rhapsody in Blue, Porgy and Bess, Un americano en París.

- **Astor Piazzolla (Argentina):**
  Revolucionó el tango con obras como *Adiós Nonino* y *Libertango.*

- **Leonard Bernstein (EE.UU.):**
  West Side Story, Sinfonía No. 2 "The Age of Anxiety".

- **Benjamin Britten (Inglaterra):**
  Guía orquestal para la juventud, War Requiem.

- **Arthur Honegger (Suiza):**
  Pacific 231 (inspirada en el sonido de una locomotora).

Música minimalista y experimental:

- **Philip Glass (EE.UU.):**
  Einstein on the Beach, Glassworks.

- **Steve Reich (EE.UU.):**
  Music for 18 Musicians, Different Trains.

- **Terry Riley (EE.UU.):**
  In C (obra pionera del minimalismo).

Cada período musical es un reflejo de su tiempo, una expresión de los valores, conflictos y aspiraciones de la sociedad que lo produjo. A lo largo de la historia, la música ha acompañado los cambios políticos, sociales y tecnológicos, sirviendo no solo como un espejo de su época, sino también como un agente de transformación.

Desde los cantos rituales de las primeras civilizaciones hasta la experimentación sonora del siglo XX, la música ha sido una herramienta de identidad cultural, un lenguaje universal que trasciende fronteras y une generaciones. Ha servido como vehículo para el pensamiento filosófico en el Renacimiento, como símbolo de emociones intensas en el Romanticismo, y como espacio de ruptura y vanguardia en la modernidad.

Comprender la cultura musical en cada período histórico no es solo un ejercicio académico, sino una forma de entender el mundo y nuestra propia identidad dentro de él. La música no solo es historia: es memoria, es protagonista activa en la evolución de la humanidad, es innovación, es celebración. Y seguirá siendo una de las fuerzas más poderosas para expresar lo que significa ser humano.

Capítulo 8.
La vida del estudiante de música.

La vida de un estudiante de música está llena de emociones, tanto buenas como malas. Es un camino de aprendizaje y sacrificio, con momentos de frustración y desesperación, un cúmulo de sensaciones que, con el tiempo, terminan forjando al músico. No es un trayecto fácil, pero lo más importante es disfrutarlo: disfrutar el proceso, celebrar cada logro y aprender de los errores. Para ello, es fundamental trazarse pequeñas metas. Aquí quiero hablar sobre algunos aspectos comunes en la vida de un estudiante de música que considero válidos analizar.

Cumplir objetivos

Durante mi época de estudiante en el conservatorio, teníamos varios exámenes y audiciones. Cada tres meses había un examen, y justo antes de cada uno, una audición. En total, eran tres durante el curso escolar. El programa generalmente incluía técnica, cuatro obras y algún ejercicio de lectura, composición o acompañamiento, y debía estar listo en ese tiempo.

Quiero aclarar que en los exámenes no se permitía tocar con partitura, ya que la memoria era parte fundamental del aprendizaje. Cuando una obra está realmente lograda, se asume que debe saberse de memoria, pero no de forma mecánica, sino con una memoria bien estructurada. Recuerdo que mi maestra, con la partitura en la mano, me decía: "Empieza desde el la-la-sol-fa", me cantaba el pasaje y yo debía comenzar desde ahí, de memoria. Puede parecer difícil, pero créanme que, cuando una pieza está bien aprendida, no resulta complicado.

Los exámenes, por supuesto, tenían una puntuación que contaba para el promedio general del año. No había descansos; nos manteníamos en constante preparación. Recuerdo que solo se descansaba el día del examen y, dependiendo del día de la semana, quizá un par de días más. Sin embargo, en la siguiente clase, la profesora ya nos entregaba el nuevo programa. Incluso en las vacaciones, el último día de clases nos íbamos a casa con el repertorio del siguiente curso. Luego, cada alumno decidía si tomarse una o dos semanas de descanso, según su criterio o el de sus padres. Lo importante era que, para el primer día de clases, las obras estuvieran aprendidas.

Actualmente, como profesora, insisto a mis alumnos en la importancia de trabajar con un objetivo claro, trazando metas realistas y alcanzables. Sin un propósito definido, es difícil notar el progreso. Por ejemplo, en nuestra academia realizamos recitales dos veces al año y también ofrecemos la posibilidad de preparar a los alumnos para obtener una certificación oficial.

Los recitales son fundamentales, no solo por los beneficios de trabajar con un objetivo en mente, sino también porque establecen una fecha límite, lo que motiva a los alumnos a estudiar y esforzarse. Es similar a cuando en la escuela se asigna un proyecto con una fecha de entrega o cuando tenemos un plazo para presentar nuestros impuestos. Sin una fecha límite, es probable que muchos posterguen su preparación, lo que puede llevar a la procrastinación y, eventualmente, a la falta de interés. Por ello, es esencial fijar objetivos concretos: debemos lograr tocar ciertas piezas y cumplir ciertas metas antes de una fecha determinada.

Para los niños, la palabra "examen" suele ser aterradora; al principio, ni siquiera quieren escuchar hablar del tema. Sin embargo, las evaluaciones externas son parte de la vida, y es importante acostumbrarlos a que constantemente seremos juzgados. Lo fundamental es prepararse adecuadamente y, si el resultado no es el esperado, tomarlo como un aprendizaje en lugar de una derrota. Recuerdo que después de mis exámenes, mi maestra se reunía conmigo, analizaba mi desempeño y me anotaba en un papel lo que había hecho bien y lo que debía mejorar para la próxima vez. Este mismo ejercicio lo aplico en mis clases: les pido a los alumnos que imaginen que están en un examen y toquen sus piezas sin interrupciones. Mientras tanto, yo tomo notas sin decirles nada hasta el final, cuando les explico lo que hicieron bien y en qué deben mejorar, asignándoles una puntuación.

Algo que considero muy útil es documentar el progreso durante el estudio. Cuando los alumnos ven videos antiguos y los comparan con los actuales, pueden notar su evolución con mayor claridad. Incluso al revisar grabaciones recientes, pueden detectar errores que no percibieron mientras tocaban. No es lo mismo tocar que escucharse desde afuera; muchas veces, la adrenalina del momento nos impide notar ciertos detalles de la ejecución, por lo que contar con un oído externo puede ser clave. Es importante aclarar que los videos de los alumnos tocando no los hago yo, sino que son grabados por los propios padres o en los recitales de la academia.

Personalmente, cuando tengo una presentación, busco la opinión de un colega o de un profesor más experimentado. También suelo grabarme y escucharme después.

Recuerdo que en una ocasión estaba preparando el Estudio No. 12 Op. 10 de Chopin, una de mis piezas favoritas, y cada vez que tengo oportunidad, lo toco. Me grababa constantemente para analizar la velocidad, los errores y la interpretación. El día del recital, estaba muy nerviosa (siempre me pasa antes de una presentación). Cuando terminé, mi esposo me dijo: "Casi te comes el piano, estabas volando sobre las teclas". Le respondí que para mí había salido igual que en los ensayos. Sin embargo, al escuchar la grabación, me sorprendí: había tocado a una velocidad descomunal y con una dinámica mucho más intensa de lo planeado. La adrenalina del momento se había apoderado de mí, haciendo que todo sonara más fuerte y rápido de lo previsto. Afortunadamente, la interpretación fue buena, pero esa experiencia me confirmó lo que siempre digo a mis alumnos: cuando toquen en público, deben pensar en hacerlo más despacio, porque en directo, los nervios siempre aceleran la ejecución sin que nos demos cuenta.

Lo mismo ocurre con los errores. En los exámenes, siempre les digo que debemos prepararnos para obtener un sobresaliente, porque, con los nervios, la calidad suele disminuir un poco en el directo. Se necesita mucha experiencia y control para que los nervios no afecten en lo más mínimo.

Existen muchos sistemas de evaluación para certificar el nivel de un alumno. Aunque no son imprescindibles, ayudan a trabajar con un objetivo claro. Además, algunos están avalados en varios países y cuentan con créditos para el sistema educativo regular, como es el caso de ABRSM, el sistema con el que actualmente trabajamos en nuestra academia.

Cada sistema de exámenes tiene sus propios criterios para avanzar de un nivel a otro. Sin embargo, la formación musical suele dividirse en tres etapas. La primera, conocida como nivel elemental, es como se llamaba en mis tiempos de estudiante y en el sistema educativo en España. Aunque sus especificaciones varían según el país y el sistema de evaluación, en Cuba, donde estudié, se comenzaba a los siete años en el tercer grado escolar. Este nivel tenía una duración de siete años y concluía con el temido *Pase de Nivel*, que se realizaba a final de noveno grado. En este sistema, la edad era un factor determinante, ya que los alumnos debían cumplir con un requisito de edad específico, a diferencia de España, donde lo más importante es el nivel alcanzado y no la edad del estudiante.

Antes de mudarme a Estados Unidos, preparé en España a una de mis mejores alumnas para ingresar al Conservatorio Arturo Soria. Se llamaba Huixue, tenía solo seis años y un talento excepcional. Se presentó para nivel 3, compitiendo con unos 30 aspirantes por una única plaza disponible. Entre ellos, había estudiantes mucho mayores, como una adolescente de 16 años que realizó una interpretación brillante.

A diferencia de Cuba, en España permitían la presencia de padres, otros alumnos y profesores durante los exámenes, lo que, en mi opinión, puede ser contraproducente, ya que aumenta la presión y la distracción tanto para el estudiante que está siendo evaluado como para los demás. Si el candidato anterior realiza una presentación impresionante, puede generar inseguridad en los siguientes. Mi pequeña Huixue tuvo que tocar justo después de la adolescente de 16 años, pero para ella, nada de esto parecía importar. Su nivel de seguridad y concentración era superior incluso al mío. Tocaba el piano con una naturalidad asombrosa y realizó una presentación impecable. Creo que, en lugar de intimidarse, fue ella quien terminó atemorizando al resto de los aspirantes.

El examen consistía en la interpretación de varias obras. Habíamos preparado tres, y el jurado le pidió que eligiera dos, una de ellas de memoria. Sin dudarlo, respondió: *Las que ustedes quieran.* Finalmente, le solicitaron la sonata y el estudio, y ambas las tocó de memoria. Luego, realizó una pequeña prueba de lectura a primera vista y presentó una obra solfeada que le habían dado previamente para estudiar. Al terminar, pude ver la expresión del jurado: estaban visiblemente emocionados por haber encontrado un talento como el suyo.

Salimos satisfechos, y al día siguiente se confirmó que la única plaza disponible había sido otorgada a Huixue. Fue un momento de alegría y nostalgia para mí. Por un lado, me emocionaba saber que tendría una formación musical completa, pero, por otro, me entristecía perderla como alumna. Soltar un talento así nunca es fácil. Aun así, seguimos en contacto, y continúo pendiente de su evolución.

El día del examen, muchos pensaban que la plaza se la llevaría la adolescente de 16 años, ya que su presentación había sido magistral. Sin embargo, cuando hay dos talentos similares con el mismo nivel, suelen darle prioridad al más joven, ya que se considera que tiene más mérito y, por lo tanto, más potencial de desarrollo.

En España, el nivel elemental dura cuatro años, a diferencia de los siete de Cuba. Luego viene el nivel profesional, equivalente al nivel medio en Cuba, aunque con una diferencia en la duración: en España son seis años, mientras que en Cuba son solo cuatro.

El cambio de nivel es un momento decisivo en la carrera del estudiante. En algunos sistemas, se realizan exámenes regularmente, mientras que en otros no se examina al alumno hasta el *Pase de Nivel*. Considero que esta última opción es poco efectiva, ya que trabajar con pequeñas metas a corto plazo resulta más eficiente que enfocarse únicamente en una gran meta a largo plazo. En este sentido, creo que el sistema con el que estudié fue más beneficioso: los exámenes trimestrales me mantenían en constante actividad, cumpliendo objetivos progresivamente más desafiantes, lo que me preparó mejor para la meta final. Es como subir una escalera: es más fácil avanzar escalón por escalón que intentar subir seis de golpe.

Según el sistema educativo, hay ciertos conocimientos y habilidades que se deben adquirir para avanzar al siguiente nivel. En el nivel medio o profesional, el alumno se enfrenta a nuevos aprendizajes más complejos y perfecciona sus habilidades.

Para mí, esta etapa fue la más difícil, ya que coincidía con mi adolescencia, cuando lo que más queremos es salir, disfrutar y no pasar horas y horas estudiando. Además, tengo una característica muy particular: soy extremadamente *finalista*, es decir, suelo hacer todo en el último momento. Durante mucho tiempo, apliqué este hábito al estudio del piano. Como tenía gran facilidad, y modestia aparte, según las palabras de mi maestra, era muy talentosa, me confiaba demasiado. Esto la hacía sufrir un poco, porque no practicaba lo suficiente al principio y, a última hora, me esforzaba y lograba sacar sobresaliente.

Este método me funcionó durante los primeros años, pero en el nivel medio, cuando las obras se volvieron más difíciles y, como mencioné antes, el estudio de un instrumento requiere tiempo, me llevé un gran susto en un examen: el peor examen de mi vida. Acostumbrada a obtener excelentes notas, esta vez caí de golpe al mínimo. Ese día comprendí que, si no cambiaba mi forma de estudiar, me quedaría fuera.

Ser *finalista* es un rasgo que puede afectar seriamente a un estudiante de música, porque no es como hacer un proyecto de última hora, en el que puedes pasar dos noches sin dormir y sacarlo adelante. Aquí, el estudio de un instrumento requiere maduración y, como hemos repetido innumerables veces, tiempo. Es como sembrar una planta: por más agua que le eches en una noche, no crecerá de inmediato. Necesita su proceso, y la madurez musical también.

En esta época, como mencioné antes, aprendí muchísimo. Me nutrí de conocimientos, aunque de forma inconsciente. Hoy los valoro mucho más de lo que lo hice en su momento. Fue entonces cuando di mis primeros pasos como profesora. Recuerdo que, en el último año, las asignaturas eran menos, pero se añadían las prácticas, donde nos asignaban alumnos para darles clases. A veces estas prácticas se realizaban en el mismo conservatorio, con estudiantes de un nivel menor, y otras veces en un conservatorio de nivel elemental, enseñando a niños pequeños. Tuve ambas experiencias y las recuerdo con mucho cariño. Fue en ese momento cuando me convencí de que amaba enseñar. Tenía 18 años, y aquella experiencia me marcó tanto que comencé a dar clases privadas en mi casa, ayudando a estudiantes más jóvenes.

El siguiente nivel, y el más difícil, es el Superior. En este punto, ya no se trata de aprender, sino de perfeccionar. Aquí es donde defines con claridad a qué rama quieres dedicarte.

Yo decidí dedicarme a la docencia, y continué mis estudios de Educación Musical en España.

Cuando me mudé a Estados Unidos, comencé a conocer su sistema de educación musical y noté grandes diferencias con los modelos que había experimentado en España y Cuba. En estos países, la enseñanza musical sigue un camino más estructurado dentro de conservatorios estatales que forman a los estudiantes desde edades tempranas hasta la profesionalización. Sin embargo, en Estados Unidos, el panorama es mucho más diverso y flexible, lo cual, en cierto modo, me parece algo positivo.

Aquí, la educación musical comienza en las escuelas primarias y secundarias, pero varía mucho según el distrito escolar. Algunas escuelas cuentan con programas sólidos que incluyen orquestas, bandas y coros, mientras que en otras la música se limita a una materia teórica básica. No existe un sistema de conservatorios públicos como en España, sino que la formación avanzada se encuentra en universidades con facultades de música o en conservatorios privados de prestigio como Juilliard, Curtis o el New England Conservatory. Estos últimos son altamente selectivos y están enfocados en la interpretación clásica, aunque también hay instituciones como Berklee College of Music, que destacan en jazz, producción musical y otros géneros contemporáneos.

Otra diferencia clave es la flexibilidad. Mientras que en España el camino tradicional de un músico está muy definido dentro del conservatorio, en Estados Unidos existen múltiples trayectorias. Un estudiante puede optar por la formación universitaria, pero también puede desarrollarse a través de clases privadas, programas intensivos o incluso de manera autodidacta, algo común en géneros como el jazz y la música popular. Además, es frecuente que los músicos combinen su educación con otras disciplinas, aprovechando la estructura de las universidades, que permiten estudiar música junto con otra carrera.

Esta apertura del sistema estadounidense ofrece muchas oportunidades, pero también exige mayor autonomía por parte del estudiante para encontrar su propio camino. Por ello, como profesora, siento una gran responsabilidad en mi academia de ofrecer una educación musical lo más completa posible y adaptada a las necesidades de cada alumno. Aquí no hay un único modelo a seguir, sino un abanico de posibilidades que se ajustan a diferentes aspiraciones y estilos musicales.

De manera general, cumplir objetivos ayuda al progreso del alumno, permitiéndole trabajar de una forma más organizada y en constante avance. También facilita a padres y maestros el seguimiento de su evolución, al mismo tiempo que motiva a los estudiantes y les da el impulso necesario para esforzarse.

El Programa

El programa es el conjunto de obras, ejercicios, estudios y técnicas que el alumno debe preparar en un tiempo determinado. Debe ser variado y cumplir con un objetivo común: trabajar todos los aspectos necesarios para que el estudiante avance. Ahora bien, un programa siempre debe incluir tres elementos esenciales: técnica, lectura y obras diversas.

Constantemente les digo a mis alumnos que no pueden centrarse en una sola pieza. Cada obra, con su estilo y carácter, aporta algo distinto. Por ejemplo, un estudio de Czerny puede ayudar a desarrollar habilidades técnicas y mejorar el control motriz, mientras que una obra de Chopin permite trabajar la dinámica, la interpretación y el fraseo. Por otro lado, una pieza de Bach es perfecta para desarrollar la textura, las voces y el contrapunto. En conjunto, cada una de estas piezas brinda herramientas únicas que contribuyen al crecimiento musical del alumno.

Hay algo en lo que insisto mucho: las piezas tienen una fecha de caducidad. Mis alumnos siempre se ríen cuando les digo esto, pero es cierto. Si tocas la misma pieza durante un año, la vas a "quemar". Siempre les pongo el mismo ejemplo: es como hornear una galleta. Preparas la masa, la pones en el horno, esperas el tiempo justo y la sacas cuando está perfecta. Si la dejas demasiado tiempo, se quema y ya no sirve. Lo mismo ocurre con las piezas.

Cuando aprendemos una obra, primero la leemos, luego trabajamos la técnica, la dinámica, la articulación y el fraseo. Una vez que está lista—y hasta memorizada—se perfecciona la interpretación. Pero cuando la pieza está preparada para un recital o concierto, hay que tocarla y soltarla. Si la seguimos repitiendo sin descanso durante semanas o meses, comienzan a aparecer errores donde antes no los había. A esto los profesores lo llamamos "viciar la obra".

Muchos alumnos creen que, una vez que se aprenden una pieza, podrán tocarla toda la vida. Y sí, con la partitura siempre pueden retomarla, pero el punto en el que la obra alcanza su máxima calidad es efímero. Mantenerla en su mejor nivel durante mucho tiempo requiere madurez y experiencia. Por eso, lo mejor es trabajar con un programa dentro de un período determinado.

Si un profesor no establece un límite de tiempo, los alumnos pueden pasarse años con la misma pieza. Por eso, una vez cumplido el objetivo—ya sea un examen, una audición o un recital—se cambia el programa. Pasamos a otro nivel, a piezas más difíciles que representen un nuevo reto. Porque así es como evolucionamos: subiendo escalones poco a poco.

¿Cómo trabajar un programa de varias obras?

Cuando preparo a mis alumnos para un examen, siempre les explico que deben trabajar todas las obras simultáneamente. Si el examen consta de cuatro piezas, no pueden aprenderse una por una. Gran error.

Si solo trabajan la primera hasta que esté lista y luego pasan a la segunda, cuando lleguen a la cuarta, la primera ya estará viciada y habrá perdido calidad. Por eso, la mejor estrategia es aprenderlas todas en conjunto. Primero, se estudia la primera parte de la primera obra, luego la primera parte de la segunda, luego la tercera y, finalmente, la cuarta. Así sucesivamente.

Cuando las piezas lleguen al final del proceso, todas deben estar listas al mismo tiempo. Sin embargo, muchos alumnos (y a veces también los padres) creen que es mejor centrarse en una sola hasta perfeccionarla. Error. Cada obra aporta algo distinto: técnica, musicalidad, lectura, interpretación. Si se trabajan juntas, se desarrollan todas estas habilidades en equilibrio.

El propósito del programa

A menudo, los alumnos piensan que las piezas se eligen solo porque son bonitas. Y sí, la música debe gustarnos, pero la razón principal detrás de la selección de obras es pedagógica. Cada pieza trabaja un aspecto específico que el alumno necesita mejorar.

Por ejemplo, no todos disfrutan los estudios de Czerny para la mano izquierda, pero son necesarios. No siempre se trata de elegir lo que más nos gusta, sino lo que nos ayudará a progresar.

Por eso, el programa debe ser equilibrado. Debe incluir distintos estilos y épocas, abarcando todos los aspectos técnicos y expresivos que el alumno necesita desarrollar. Y algo fundamental: cada obra tiene su momento.

Una vez que se alcanza el punto ideal, hay que interpretarla en público, grabarla, presentarla en un recital o examen y, luego, dejarla descansar. Más adelante, si se desea, se puede retomar.

Pero lo más importante es entender que la música es un proceso. Cada pieza es un peldaño más en el camino del aprendizaje. Y como todo en la vida, hay que saber cuándo avanzar al siguiente nivel.

La importancia de trabajar varias obras a la vez

En ocasiones, tanto los padres como los propios alumnos cuestionan al profesor sobre la cantidad de obras que se están trabajando, la elección de estas o su nivel de dificultad. Quiero dejar algo claro: centrarse en una sola obra es un error.

Lo ideal es siempre tener al menos dos piezas en el repertorio, y por varias razones. No solo porque cada obra desarrolla distintos aspectos en el alumno, como mencioné antes, sino también porque estudiar una sola pieza puede ser contraproducente.

Cuando un alumno se sienta a practicar y solo tiene una obra, es fácil que se aburra rápidamente y deje de estudiar. En cambio, al contar con varias, el estudio se vuelve más dinámico. Si se cansa de una pieza, puede cambiar a otra, lo que le permite practicar por más tiempo sin caer en la monotonía. De esta manera, se mantiene la motivación y se evita el agotamiento mental que genera la repetición constante.

Elegir obras adecuadas: ni demasiado fáciles, ni demasiado difíciles

Un buen profesor sabe hasta dónde puede llegar un alumno. Un error grave—que no creo que un docente con experiencia cometa, aunque nadie es perfecto—es asignar una obra que esté muy por debajo o muy por encima del nivel del estudiante.

Si la pieza es demasiado fácil, el alumno no aprenderá nada nuevo ni mejorará técnicamente. Y si es demasiado difícil, solo se frustrará al ver que no puede avanzar. La clave está en elegir obras acordes a su nivel, que supongan un reto pero que sean alcanzables con trabajo y dedicación.

Muchas veces, los alumnos llegan a clase pidiéndome piezas que, desde el punto de vista técnico, no les aportan demasiado: canciones de Disney, bandas sonoras de películas, temas de series o de cantantes de moda. En la mayoría de los casos, estas piezas no trabajan ningún aspecto técnico fundamental.

Sin embargo, sí tienen un valor: la motivación.

Mi objetivo es que los alumnos se mantengan motivados, pero al mismo tiempo, que aprendan y avancen. Por eso, suelo hacer un trato con ellos: si me piden tocar una canción de su elección, les hago un arreglo adaptado a su nivel para que puedan interpretarla, pero con una condición: también deben tocar las obras que yo elija para su desarrollo.

De esta manera, sienten que tienen libertad para tocar lo que les gusta, mientras trabajan piezas que realmente los ayudan a mejorar. Porque tocar el piano no se trata solo de interpretar canciones que nos agradan, sino de desarrollar habilidades que, en el futuro, nos permitan tocar cualquier obra que queramos.

A veces, los alumnos no entienden por qué les asigno ciertas piezas. No ven que detrás de cada elección hay un propósito: hacerlos avanzar y convertirlos en mejores pianistas. Pero el tiempo siempre me da la razón. Con el nivel adecuado, el día de mañana podrán buscar en Google la partitura de la canción que les guste, descargarla y tocarla sin ayuda.

Y eso solo se logra con un proceso bien guiado: estudiando, practicando y fortaleciendo las habilidades técnicas que el profesor considera esenciales.

¿Cómo saber si una obra es demasiado fácil o demasiado difícil?

Como mencioné antes, es fundamental elegir obras que se ajusten al nivel del alumno. Para explicarlo mejor, quiero hacer una analogía con el gimnasio.

Cuando alguien quiere desarrollar musculatura, elige pesas que pueda levantar. Si usa pesas de una libra, nunca fortalecerá los músculos porque el esfuerzo es mínimo. Y si siempre se queda con el mismo peso sin desafiarse, jamás progresará. Por otro lado, si intenta levantar pesas de 100 libras sin estar preparado, simplemente no podrá. Pasará todo el tiempo luchando con un peso inmanejable, sin lograr ningún avance real.

Con la música ocurre lo mismo. El repertorio debe ser como el peso adecuado en el gimnasio: un reto que se pueda dominar con práctica y esfuerzo, pero sin ser inalcanzable.

Si un alumno recibe una pieza y la aprende en una sola clase, sin mayor dificultad, significa que está muy por debajo de su nivel. Si la domina sin esfuerzo, no está trabajando realmente en su desarrollo.

Aquí es donde muchos padres se confunden. Creen que el objetivo es aprenderse una canción lo más rápido posible, que suene bonita y que el alumno la toque en un recital. Pero ese no es el propósito.

Si un alumno memoriza una obra en 20 minutos, esa pieza no representa un desafío. El verdadero objetivo es que la obra suponga un reto, que exija trabajo, práctica, dedicación y esfuerzo.

Por otro lado, también hay que evitar el extremo opuesto. Si un alumno pasa tres, cuatro, cinco o seis meses intentando aprender una obra y sigue sin poder tocarla bien, significa que es demasiado difícil para él.

En estos casos, lo único que se logra es frustración. El alumno siente que no avanza, que no es capaz, y además pierde meses enteros tratando de interpretar pasajes para los que aún no está preparado técnicamente. El resultado es una ejecución deficiente, una obra incompleta y un proceso de aprendizaje poco efectivo.

Por eso, la clave está en encontrar el equilibrio. Antes de elegir una obra, el profesor debe evaluar las capacidades técnicas del alumno para asegurarse de que la pieza le permita avanzar sin frustrarse. Una obra bien seleccionada es aquella que representa un desafío alcanzable, un escalón más en su desarrollo musical.

Asignaturas complementarias

En la formación musical, el estudio del instrumento no es el único elemento fundamental; lo acompañan diversas materias clave e imprescindibles para una educación integral y sólida. Estas asignaturas pueden variar según el centro y el sistema educativo.

A continuación, quiero abordar las que conozco y que formaron parte de mi formación como estudiante. Hablo desde mi experiencia, teniendo en cuenta que, dependiendo del centro educativo, el sistema de evaluación y sus objetivos, estas materias pueden estar presentes o no, tener distintos nombres o variar en su enfoque.

Una de las más importantes, a mi parecer, es el solfeo o lenguaje musical. Esta materia introduce al alumno en el sistema de escritura y lectura de la música: notas, figuras, valores, indicadores, entre otros. Es bastante didáctica y, si se estudia con dedicación, termina resultando agradable.

Personalmente, tengo recuerdos agridulces con esta asignatura. Disfrutaba ciertas actividades, como el solfeo, que consiste en cantar una lección con la entonación, ritmo e indicaciones correctas, a menudo sin haberla analizado previamente o con muy poco tiempo de preparación. Este ejercicio es crucial, ya que desarrolla la destreza en la lectura musical, lo que facilita enormemente el aprendizaje del instrumento.

Sin embargo, no guardo tan buenos recuerdos de los dictados melódicos. En este ejercicio, la profesora tocaba una melodía un número determinado de veces (entre cinco y diez, dependiendo del caso), y el alumno debía escribirla completa sin mirar el piano, acertando en notas, ritmo y compás. Requería un nivel de concentración comparable al de un cirujano en una operación a corazón abierto. A mí me ponía muy nerviosa la posibilidad de distraerme y perder parte de la melodía. Siempre nos daban un *la* como referencia, ya que es la nota estándar para la afinación.

Las clases de solfeo podían ser tanto divertidas como un verdadero dolor de cabeza, pero, de cualquier manera, su variedad de ejercicios y contenidos facilitaba el camino del estudiante en el aprendizaje del instrumento. Brindaba todos los conocimientos necesarios para comprender y ejecutar partituras con precisión.

Recuerdo que, cuando medía mal un tiempo o tocaba una nota equivocada, mi maestra me decía: "*¿Pero eso no lo diste en solfeo? Voy* *a hablar con tu profesora."* Ahora, pensándolo bien, siento un poco de pena por las maestras de solfeo, que muchas veces cargaban con la culpa si un alumno no ejecutaba correctamente una obra en clase.

Al mirarlo ahora desde una perspectiva externa, puedo comprender claramente las falencias en la metodología empleada. La enseñanza carecía de una estructura definida y de un enfoque sistemático que permitiera un aprendizaje eficaz y adaptado a las necesidades individuales de cada estudiante. Los materiales didácticos, que en su mayoría eran creados de manera empírica por los propios profesores, no estaban diseñados con un propósito pedagógico claro ni con una visión global del proceso educativo. Esta falta de recursos adecuados y organizados resultaba en una enseñanza dispersa, donde no había un hilo conductor que conectara los contenidos ni una progresión lógica que favoreciera la adquisición de nuevos conocimientos. Además, no se contaba con libros de texto oficiales ni con cuadernos de actividades, herramientas que son fundamentales para guiar al alumno a través de su aprendizaje de forma estructurada y coherente. Todo esto contribuyó a que el proceso de enseñanza-aprendizaje fuera más incierto y menos efectivo.

Otra de las materias más útiles era Historia de la Música, y además, mi favorita. Me encantaba escuchar las historias y las audiciones. En esta asignatura no solo aprendíamos sobre la historia de la música, sino que también nos explicaban los estilos musicales, sus características y cómo identificarlos, los compositores e incluso los instrumentos por familias, enseñándonos cómo reconocerlos. En general estaba concebida como una asignatura muy completa.

Yo, que tenía buena memoria, nunca tuve problemas con esta materia. Mi truco era escuchar todo como si fuera una historia o una película y luego contarlo en casa o comentarlo con mis amigas, de manera que se me quedara grabado. Recuerdo que nos ponían audiciones en tocadiscos que eran tan antiguos que no se escuchaba demasiado bien.

Analizándolo desde mi experiencia actual, en cuanto al repertorio, la variedad era prácticamente inexistente. Durante muchos años, nuestra experiencia musical se limitaba casi exclusivamente a algunos primeros movimientos de obras, pero rara vez se nos presentaban obras completas. Este enfoque reducía nuestra visión del repertorio y nos impedía una comprensión más profunda de las piezas, de los estilos y de las estructuras musicales. Lo que hoy parece básico, como abordar obras completas, era un lujo que no siempre teníamos. La enseñanza se centraba en fragmentos aislados, y no contábamos con los recursos adecuados para abordar la riqueza y amplitud del repertorio.

Si bien la cantidad de años de estudio debería haber sido aprovechada para profundizar en el aprendizaje, la falta de condiciones y de programas más efectivos hizo que, en muchos casos, no se pudiera avanzar de manera adecuada. De haber tenido acceso a materiales más completos y a una metodología más organizada, los conocimientos adquiridos habrían sido mucho más amplios y sólidos.

Algo que eché mucho en falta durante mi etapa como estudiante fueron los recursos. La biblioteca de la institución no contaba con una amplia variedad de materiales, y el acceso a internet era inexistente, lo que hacía que la búsqueda de información fuera aún más difícil. Las audiciones eran, en su mayoría, siempre las mismas, y rara vez teníamos acceso a una diversidad de interpretaciones. Fue en España, más adelante, donde tuve la oportunidad de ampliar significativamente mis conocimientos musicales y de repertorio, gracias a la disponibilidad de recursos y una oferta más variada de obras y audiciones.

A pesar de estas limitaciones, la asignatura de Historia de la

Música nos ofrecía una base sólida para entender las obras, los estilos y a los compositores. Esta asignatura desempeñaba un papel crucial en la forma en que abordábamos la interpretación de las piezas, sin embargo, todo esto no era suficiente si no existía un enfoque más completo en la práctica musical y un acceso más amplio a recursos de aprendizaje.

Una asignatura que me resultaba angustiante era Armonía. Recuerdo que teníamos dos ramas: armonía tradicional y armonía popular. Como bien indica su nombre, esta materia enseña cómo se organizan los sonidos y los acordes dentro de una pieza. Básicamente, estudia cómo se forman los acordes, cómo se conectan entre sí y cómo crean progresiones armónicas que dan sentido a la música.

Lo primero que aprendemos en armonía es la formación de acordes mayores, menores, disminuidos, aumentados y sus inversiones. También aprendemos cómo enlazarlos correctamente para que suenen bien y no haya saltos bruscos o incoherencias.

Pero la armonía no es solo teoría, también se aplica directamente al instrumento. En el piano, por ejemplo, nos permite acompañar melodías, improvisar y entender mejor cómo están construidas las piezas que tocamos. Nos ayuda a ver la música desde adentro. Nos permite analizar, comprender y crear con más libertad y profundidad. Sin armonía, sería muy difícil entender por qué una pieza suena de una manera y no de otra, y cómo podemos modificarla para que tenga un efecto distinto. Por eso, es una de las asignaturas más importantes para cualquier músico.

Una materia que disfruté mucho fue Coro, la cual siempre fue obligatoria en el estudio de la música. Siempre me ha gustado cantar y, en el coro, recuerdo que en los primeros años nos divertíamos mucho, no solo por cantar, sino también porque nos reíamos mucho en clase, lo cual enfurecía a la maestra. Nos reíamos de los ejercicios, que a veces incluían gestos faciales muy graciosos. Disfrutábamos cantando canciones enérgicas, y al ser una actividad un poco más relajada, era un alivio entre tanta teoría. Creo que era la actividad que más se disfrutaba en grupo, lo cual es positivo porque tiene muchos beneficios.

El coro desarrolla el oído musical de una manera que pocas otras actividades pueden lograr. Cuando cantamos en coro, no solo tenemos que entonar bien nuestra voz, sino que además debemos escuchar a los demás para mantener la afinación y el equilibrio sonoro. Esto mejora la capacidad auditiva y la sensibilidad musical, algo esencial para cualquier músico.

Otro beneficio clave es el sentido del ritmo. En un coro, cada voz tiene su propio papel dentro de la armonía, y todos deben entrar en el momento justo. Si uno se adelanta o se atrasa, se nota de inmediato. Esto ayuda muchísimo a interiorizar el tempo y a desarrollar una mayor precisión rítmica.

El coro también mejora la lectura musical a primera vista. Cuando un estudiante canta en coro, está constantemente enfrentándose a partituras nuevas y debe leerlas mientras canta en tiempo real. Esto hace que la lectura se vuelva mucho más fluida y natural, y lo mejor es que todo se trabaja de manera práctica, sin que el alumno se dé cuenta de cuánto está mejorando.

El coro también tiene un impacto enorme en la expresión y la interpretación. Cuando se canta en grupo, no basta con cantar bien; hay que transmitir emociones, darle matices a la voz, entender el mensaje de la obra y reflejarlo en la interpretación. Esto es algo que ayuda no solo a los cantantes, sino también a cualquier instrumentista, ya que la música es ante todo un medio de expresión.

A nivel técnico, cantar en coro también fortalece la respiración y el control del aire, algo que beneficia a cualquier músico, especialmente a los que tocan instrumentos de viento. Aprender a respirar correctamente y controlar la emisión del sonido hace que un músico tenga mejor proyección y resistencia al tocar.

Por otro lado, hay un beneficio que va más allá de lo musical, y es el trabajo en equipo. En un coro, todos tienen que escucharse, respetar su papel dentro del conjunto y aprender a funcionar como una sola unidad. Esto enseña disciplina, compromiso y la importancia de trabajar juntos para lograr un resultado armonioso.

También está el aspecto emocional. Cantar en coro genera una sensación de comunidad y pertenencia. No es lo mismo cantar solo en casa que hacerlo rodeado de otras voces que se complementan y se fusionan para crear algo más grande. Esto crea vínculos, genera confianza y ayuda a reducir el estrés.

Una asignatura de la que guardo un recuerdo simpático, aunque a la vez triste, es Acompañamiento. Siento que no le di la importancia que requería, que no la tomé en serio en su momento. Pero hay que ponerse en el lugar de la Lauren adolescente de 15 o 16 años. En esta asignatura nos enseñaban a acompañar, ya fuera a un cantante, un violinista o un solista en general. Teníamos que leer mucho a primera vista, lo cual para mí era un suplicio. No preparábamos las obras con el tiempo adecuado, y eso molestaba al cantante, quien, siempre comenzando con la mejor actitud, se encontraba con que nosotros nos confundíamos y el pobre tenía que parar cada dos por tres. Él se tomaba su trabajo muy en serio, pero nosotros nunca le dimos la importancia que hoy en día considero que tiene.

Aún así, esta asignatura me preparó muchísimo, ya que a lo largo de mi vida he tenido que acompañar a muchos solistas y alumnos en sus exámenes, y he recibido elogios por ello. La clave de un buen pianista acompañante es seguir al solista, conocer su parte y poder acompañarlo, ayudando con la dinámica, dándole las entradas correctamente sin hablar, y siendo capaz de seguir su pulso y su tiempo. Esto parece fácil, pero no siempre lo es. Aunque como alumna no tenía el mismo entusiasmo que el cantante en aquella época, siento que aprendí muchísimo y me ha sido de gran ayuda.

Existen otras asignaturas y materias como Análisis, Contrapunto, Banda, etc., más específicas y enfocadas en diferentes aspectos, dependiendo del sistema educativo, y el enfoque de la carrera de cada estudiante. De manera general, todas estas materias complementarias son esenciales en una educación musical profesional completa, ya que enriquecen el estudio del instrumento y facilitan en gran medida el trabajo del profesor, que se limita a trabajar los aspectos específicos del mismo. Como profesora, es ideal que todos los alumnos pudieran al menos complementar las clases de piano con Lenguaje Musical. Generalmente, en nuestra academia y en los centros de educación musical, el propio profesor de instrumento es quien debe proporcionarle al alumno todos los conocimientos necesarios. Esto requiere tiempo y trabajo. Si bien es cierto que existen diversos recursos como libros, cuadernos y métodos que incluyen material teórico, incluso de forma didáctica, mientras el alumno avanza, requiere más conocimientos teóricos, por lo que es necesario más tiempo.

Altibajos

Como comentaba anteriormente, la vida del estudiante de música se ve marcada en parte por los altibajos, y es que, para una disciplina como lo es el estudio de un instrumento, esto es algo normal. Nos demanda mucho tiempo y esfuerzo, y todos tenemos nuestros días buenos y malos, así como etapas mejores y peores. Algo que considero fundamental es que los padres y maestros sepamos detectar cuando un estudiante está decayendo en ánimo e interés. En mi día a día, debo lidiar con esto, y es que, como el estudio del instrumento generalmente es una actividad extracurricular, los padres tienden a dejarse guiar mucho por el entusiasmo del alumno. No digo que esto esté mal, pero no debe ser el único indicador que nos impulse a que el niño estudie música.

Yo siempre les digo a los padres: si le preguntas a un niño qué quiere hacer, te dirá que ver la televisión o jugar un videojuego; si le preguntas qué quiere comer, seguramente te responderá que un helado, dulce o chicken nuggets; si le preguntas si se quiere bañar, probablemente dirá que no; si quiere ir a la escuela, probablemente también dirá que no; si cuando está enfermo le preguntas si quiere ir al médico, lo más seguro es que diga que no. A los niños, a temprana edad, no se les debe dar a elegir en ciertos aspectos, como su bienestar, alimentación, salud y educación. Hay que recordar que el estudio de un instrumento es una disciplina, y, como tal, también tiene momentos difíciles. Todo no va a ser color de rosa. Todas las clases no serán las mejores ni las más divertidas.

Creo que, como educadores y padres, debemos hacerle saber a los niños que a veces toca hacer tareas que no son divertidas, pero que son necesarias. Un día nos reímos mucho en clase porque fue súper divertido, pero otro día toca trabajar duro. A veces creo que las nuevas generaciones viven en una burbuja, y si bien es nuestro deber protegerlas de todo mal posible, no lo es tanto protegerlas de saber lo que es el trabajo duro, la disciplina y el compromiso.

He tenido algunos alumnos que comienzan con mucho entusiasmo, pero esa emoción a veces va mermando. Yo, como profesora, trato de mantenerlos motivados, pero puede pasar que los alumnos atraviesen una mala racha en general y no les apetezca dar la clase o practicar. Entonces, ¿qué hacer como padres al respecto? Primero, hay que estar en sintonía con el profesor, porque muchas veces los niños actúan así cuando algo les agobia o les estresa. A veces, cuando una pieza les resulta difícil, o cuando no entienden algo, lejos de decirlo, adoptan la postura de "no me gusta la clase" o "no quiero seguir tocando el piano", cuando en realidad lo que sienten es que están agobiados porque no comprenden y no saben cómo expresarlo, o tienen pena de decir que no entienden algo.

Tengo un alumno con un talento excepcional, Sebas. Estaba trabajando en una pieza que él mismo me pidió, "Jingle Bells". Recuerdo que la tenía casi lista para el recital, la sabía perfectamente, así que añadimos una segunda parte a la pieza a su petición. En las clases posteriores, comenzó a decir que ya no le gustaba la pieza y que solo quería tocar la primera parte. Yo estaba un poco asombrada, porque le salía bien y él mismo me la había pedido. Ya sospechaba lo que podía estar pasando. Los años de experiencia no son en vano. Le pedí que la tocara, y efectivamente, era un acorde de la segunda parte que no se sabía bien, no lo recordaba y no entendía correctamente la partitura.

Nos sentamos a analizarla, le hice leer el acorde despacio, luego tocarlo en el piano una y otra vez hasta que lo dominó. De este modo, consiguió tocar la pieza a la perfección. Cuando le volví a preguntar, "¿entonces te gusta la pieza o no?", su respuesta fue: "Sí, ahora sí". Y es precisamente que los niños a veces no saben expresar sus emociones y rechazan automáticamente todo lo que no entienden, les supera o consideran muy difícil. Pero esto no es un indicador de que el alumno deba abandonar.

Los niños, durante su desarrollo y crecimiento, pasan por diversas etapas y van cambiando su carácter, formando su personalidad e incluso sus gustos. Todos esos cambios influyen en su vida académica y, por consiguiente, en el estudio del instrumento. En estas etapas de cambios y altibajos emocionales, debemos intentar guiar al alumno. He tenido muchísimos niños que han pasado por esas etapas de cambios con éxito, sin que se vea perjudicada ninguna de sus actividades, ni escolares ni extracurriculares.

Lo mismo pasa en clase: al igual que los adultos, los niños tienen días buenos y malos. Lo que a nosotros nos puede parecer una tontería, para ellos puede ser el fin del mundo. Una pelea en el patio, una mala nota en un examen, o cualquier pequeño detalle puede llevarlos a tener un mal día y, por consiguiente, una mala clase.

Los alumnos y los padres en clase

Algo que me gustaría abordar es el hecho de que, en ocasiones, los alumnos, sin importar la edad, actúan de manera diferente en clase cuando está presente el padre. La presencia de los padres en clase cambia completamente la dinámica, ya que afecta la seguridad, la autonomía y la percepción del entorno del niño. Los más pequeños ven a sus padres como su figura de apego principal, lo que significa que su atención se divide entre la actividad y la necesidad de buscar seguridad en ellos. Se sienten más libres para probar límites porque saben que su figura de referencia está cerca y los protege, y se distraen fácilmente, ya que la presencia de su padre o madre les da confianza para explorar o buscar atención.

Los niños en edad escolar pueden sentirse inseguros o cohibidos si perciben que están siendo evaluados. Otros pueden actuar con más confianza o incluso con rebeldía, porque saben que su padre o madre está ahí y pueden medir fuerzas con la autoridad del profesor. También pueden modificar su comportamiento para buscar aprobación o evitar ser corregidos delante de ellos. En el caso de los adolescentes, la vergüenza juega un papel importante. Están en una etapa donde la opinión de sus padres es más relevante que la de los adultos, por lo que no quieren ser percibidos como niños que necesitan supervisión.

En general, los niños regulan su comportamiento según el entorno y las figuras de autoridad presentes. Cuando están solos con un profesor, tienden a aceptar las reglas del aula más fácilmente. Sin embargo, cuando los padres están presentes, su percepción de esas reglas cambia porque se sienten más protegidos o evaluados, lo que puede generar distracción, inseguridad o desafío.

En algunas actividades está bien que los padres participen ocasionalmente. De hecho, cuando el alumno tiene menos de dos años, en la academia pedimos que los padres estén presentes, especialmente cuando son clases grupales. Yo, como profesora, considero que el niño se desenvuelve mejor y la clase fluye más cuando el padre está fuera de la vista del niño. Muchos padres no quieren dejar al niño solo en clase, lo entiendo. En nuestra academia, por ejemplo, para la tranquilidad de cada padre, tenemos cámaras de seguridad y nuestras aulas son abiertas, lo cual permite al padre asomarse o ver la clase desde fuera sin intervenir.

Cuando el niño tiene un mal día y su comportamiento no es el mejor, debemos dejar que, en la medida de lo posible, el profesor se encargue. Entiendo que los padres a veces se desesperan porque quieren que el niño aproveche la clase. Puede que se avergüencen del comportamiento, y en ese momento quieran regañarlo, pero deben confiar y dejar que los profesores manejen la situación. Nosotros, como profesionales, tenemos recursos para corregir el comportamiento y redirigir la clase. No deben sentirse frustrados; es normal que los niños tengan días buenos y días malos. Lo que no puede ocurrir es que, cuando el niño haga un berrinche en clase, el padre intervenga inmediatamente. Esto les da la señal de que, a la mínima llamada de atención, el padre acudirá. Entonces, aprenden que cuando no quieren hacer alguna actividad, solo tienen que hacer un berrinche y mamá o papá vendrán enseguida.

No deben sentirse ni frustrados ni molestos por la situación; son procesos normales en los niños.

De manera general, considero que, como profesora, depende de la edad del alumno, pero es mucho más fácil y la clase fluye mejor si el padre no está a la vista del niño. Quiero aclarar que no estoy recomendando en ningún momento que los padres dejen a los niños solos en una habitación con un profesor; simplemente, que no estén a su vista. Pueden poner una cámara para disfrutar de los logros en clase y verlos sin que los niños se distraigan, o bien pueden ver desde fuera o en espacios abiertos, escuchar y observar la clase desde lejos. Solo quiero hacer ver a los padres que su intervención puede modificar el comportamiento de los niños en clase.

Sacrificios que conlleva el estudio de la música

Como he repetido en innumerables ocasiones, la música es una disciplina que conlleva muchos sacrificios. Entre ellos, está el tiempo que debemos dedicarle, lo que implica restarle a otras actividades sociales, lúdicas o recreativas. Así como las bailarinas y los deportistas deben hacer sacrificios, los músicos también lo hacen.

Las vacaciones son un tema de debate. Si bien es cierto que todos necesitamos desconectar, tomarnos vacaciones y relajarnos para retomar nuestras responsabilidades con más energía, cuando uno es estudiante de música, no se debe exceder mucho tiempo sin practicar. Vuelvo a compararlo con el deporte: no vemos a los atletas de vacaciones durante 2 o 3 meses sin entrenar; incluso en sus vacaciones, el ejercicio forma parte de su rutina. Tampoco veremos a una bailarina decir: "Bueno, como estoy de vacaciones, voy a pasar dos meses comiendo pizza y tomando helado", porque perdería su forma física. Lo mismo ocurre con los músicos: si estamos mucho tiempo sin practicar o entrenar, perdemos habilidades.

Recuerdo que, cuando estudiaba y llegaban los dos meses de vacaciones escolares, mis vacaciones siempre iban acompañadas de estudio. Para mí, era más fácil porque no tenía ninguna actividad extra ni viajaba. Mis vacaciones consistían en levantarme tarde, estudiar un rato, ver la televisión (que tenía una programación especial), jugar en la calle con mis amigos, ir ocasionalmente a la playa, al zoológico, al parque de atracciones, y poco más. Aunque no tenía un itinerario muy variado, créanme que las disfruté muchísimo. Hoy en día, los niños viajan mucho con sus familias, van a campamentos y tienen menos tiempo. Pero recomiendo a los padres que, en la medida de lo posible, no dejen que sus hijos pasen más de 2 o 3 semanas sin tocar el instrumento. Si viajan, al menos deberían practicar lectura o estudiar partituras. Si el instrumento es fácil de transportar, como el violín, pueden llevarlo consigo. Si es un piano, existen pianos portátiles, aunque entiendo que es mucho trabajo. Sin embargo, si tienen la suerte de encontrar un piano en el camino, pueden hacer algo de técnica. Para los alumnos más pequeños, existen recursos como mencioné en el capítulo sobre el estudio individual, que permiten que el niño mantenga fresco lo aprendido a través de tarjetas, juegos e incluso aplicaciones. El punto es que, aunque las vacaciones son necesarias y debemos asumir que no avanzaremos en el estudio, no deben convertirse en un evento que perjudique el desempeño. Pasar meses sin estudiar o sin siquiera mirar una partitura puede hacer que el alumno olvide lo aprendido, lo que dificultará su regreso y a menudo será necesario retomar un camino ya recorrido.

Otro gran sacrificio que conlleva el estudio de un instrumento (para mí, no tanto) es el de las uñas. Es imposible tocar el piano, el violín o el violonchelo con las uñas largas. Esta es una batalla que tengo de manera constante con mis alumnas adolescentes y también con las adultas. Las uñas largas impiden una correcta postura de las manos y, por lo tanto, no permiten que los dedos trabajen adecuadamente, dificultando el desarrollo de habilidades técnicas que permitan tocar pasajes virtuosos.

Recuerdo una clase con una de mis alumnas adultas. Estaba tocando una obra que incluía un mordente (adorno musical), y debía tocar "re do re do" con la mano derecha usando los dedos 4 y 5. Esos dedos, especialmente el 4, son los más débiles de la mano, y hacer ese ornamento con ellos es complicado. Necesitamos una postura adecuada para dominar el movimiento y practicarlo. Ella insistía en que no podía hacerlo, y claramente era porque, al tener las uñas largas, no podía mantener la curvatura necesaria en la mano para ejecutar ese pasaje. Es fundamental e innegociable tener las uñas cortas, no solo "medio largas", sino cortas. Incluso, tener las uñas largas puede resultar peligroso al tocar el piano, ya que podrían quedar atrapadas entre las teclas.

A veces, mis alumnas adolescentes intentan convencerme de que ciertas artistas tocan el piano con las uñas largas. Primero, les explico que ninguna de esas artistas toca bien, y segundo, no es lo mismo que yo me deje las uñas largas (cosa que no pienso hacer), ya que ya tengo una base técnica, he aprendido correctamente y llevo años desarrollando mis habilidades. Si yo me dejara las uñas largas, me costaría ejecutar ciertas piezas, pero podría apañármelas para tocar, aunque no de la mejor manera. Sin embargo, un alumno que está aprendiendo necesita desarrollar sus habilidades, aprender la técnica, y para ello, necesita adoptar una postura adecuada. Otra cosa que les pido a las alumnas es que eviten colores demasiado llamativos en las uñas. Esto no afecta directamente el desempeño, pero es una cuestión estética. No se ve bien en un pianista tener uñas negras, moradas o azules, ya que causa distracción al ojo externo. Recuerdo que mi maestra odiaba cuando me presentaba a clase con las uñas negras, e incluso una vez me hizo quitármelas antes de volver a la clase. Aunque es una cuestión estética, de alguna manera también influye.

Después de toda mi experiencia con el tema de las uñas, he visitado la manicurista un par de veces en mi vida. Mis manos son muy sensibles, y una mala experiencia una vez me causó temor de que un mal corte o un corte demasiado profundo pudiera dañarme los dedos. Una vez me cortaron un poco de piel en el lateral del dedo y se me hizo un uñero, lo que me impidió tocar correctamente durante semanas. Por eso, prefiero no tocarme las manos. Esto no quiere decir que le pase a todos. Los pianistas o estudiantes pueden arreglarse las manos, mantener las uñas cortas y bien cuidadas, tal vez con un color suave, brillo o algo sutil. Yo, personalmente, cuando tengo una ocasión especial, uso uñas postizas que puedo quitarme inmediatamente después del evento.

Por eso, mi petición para los padres es que, por favor, vigilen las uñas de sus hijos y cooperen con nosotros los profesores en cuanto a las adolescentes y las uñas largas. No dejen que se pongan uñas acrílicas. A veces, es necesario renunciar a ciertas modas por un sacrificio mayor.

En general, la vida del músico o del estudiante de música, como hemos dicho, implica ciertos sacrificios. Sin embargo, si toda la familia coopera y trabaja unida, estos sacrificios son más llevaderos. Como en toda disciplina, hay que hacer modificaciones en la rutina diaria. Pero, en mi opinión, en la vida en general, cuando uno decide dedicarse a algo en específico, debe trabajar duro por ello, y hay cosas que debemos dejar en el camino. No obstante, creo que la satisfacción y el beneficio de este esfuerzo superan con creces los sacrificios.

CAPÍTULO 9.
LA MÚSICA Y LOS NIÑOS CON NECESIDADES ESPECIALES.

Hemos hablado anteriormente sobre el impacto de la música en el cerebro y los innumerables beneficios que aporta a los niños. Ahora me gustaría profundizar en su influencia en niños con necesidades especiales.

A lo largo de mi carrera como profesora, me he encontrado con diversos desafíos, por llamarlo de alguna manera. Durante mis años de estudio, nunca tuve la oportunidad de aprender sobre los beneficios de la música para personas—y, en particular, para niños—con necesidades especiales. En aquel entonces, este tema no recibía la atención que merecía, ni se aprovechaba la música como una herramienta efectiva en estos casos.

Cuando llegué a España y comencé a trabajar en una academia de música, tuve mi primer acercamiento concreto a esta realidad. Recuerdo que un día llegó una nueva alumna con Síndrome de Down. En mi profunda ignorancia, le pregunté a la directora (a quien he mencionado anteriormente) si realmente la niña podía aprender música. Su respuesta fue clara y rotunda: por supuesto que podía aprender, y, de hecho, la música le había sido recomendada por su especialista como parte de su terapia.

En ese momento sentí temor. Me di cuenta de lo poco que sabía al respecto y de la gran desinformación que tenía. Pero como todo lo nuevo y desconocido me representa un reto, decidí investigar, buscar métodos, formarme y descubrir por mí misma el enorme valor que la música puede tener en el desarrollo de los niños con necesidades especiales.

Recuerdo perfectamente a mi primera alumna con estas características. Se llamaba Isa, y de ella aprendí muchísimo. Aún la recuerdo con gran cariño. Era una niña sumamente alegre, con quien conecté de inmediato. Se reía mucho conmigo porque, cada vez que lograba un avance, yo lo celebraba con gran entusiasmo. "¡Profe, gritas demasiado!", me decía entre risas. Y es que cada uno de sus logros me llenaba de una alegría inmensa.

Isa me enseñó algo fundamental: ninguna condición es un impedimento para que un niño reciba los beneficios de la música. Al contrario, la música puede ser una herramienta invaluable para potenciar su desarrollo y mejorar su desempeño general.

Para ayudarla de la mejor manera posible, empecé a investigar distintas metodologías y estrategias de enseñanza. Estuve en contacto constante con su madre para comprender mejor su personalidad y su forma de aprender. Cada niño con necesidades especiales es único, con características particulares que lo hacen especial, y por ello, el enfoque debe adaptarse a cada caso.

Con Isa, noté que no toleraba los ruidos fuertes ni que le pidiera repetir algo muchas veces. Sin embargo, le fascinaban los colores, así que decidí aprovechar eso en su aprendizaje. Fue la primera vez que utilicé el sistema de colores, una técnica comúnmente empleada con niños pequeños. Usé recursos con colores más vibrantes de lo habitual para ayudarla a identificar las notas musicales, y el método funcionó muy bien para ella.

Gracias a estas estrategias y a un enfoque personalizado, Isa logró participar en su recital. Tocó su pieza, quizás no de la manera esperada en un alumno sin ninguna condición especial, pero eso era lo de menos. Lo verdaderamente valioso fue que la música le brindó una experiencia enriquecedora, y su condición nunca fue un obstáculo para que disfrutara de la actividad.

Síndrome de Down

Ya hemos visto cómo la música puede transformar vidas, y en el caso de los niños con Síndrome de Down, sus beneficios son aún más evidentes. Quiero hablar de esto desde mi propia experiencia, porque cuando conocí a Isa, mi primera alumna con Síndrome de Down, entré en un mundo completamente nuevo para mí. Lo que descubrí fue simplemente increíble.

Los niños con Síndrome de Down suelen enfrentar dificultades en el lenguaje y la comunicación, pero la música puede ser un puente maravilloso. Noté que las canciones y los ritmos repetitivos ayudaban muchísimo a Isa a recordar palabras y mejorar su pronunciación. Hay algo en la musicalidad del lenguaje que les facilita el aprendizaje. Además, la música trabaja la memoria, un aspecto clave, ya que responden muy bien a la repetición y a las estructuras rítmicas.

Otro descubrimiento importante fue el impacto de la música en la motricidad. Isa tenía dificultades para coordinar movimientos finos, pero cuando le di instrumentos de percusión o la puse a tocar el piano, vi cómo poco a poco mejoraba su destreza manual. No solo eso, sino que la música la ayudaba a concentrarse, algo que suele considerarse un desafío en niños con Síndrome de Down.

Pero si hubo algo que realmente me marcó, fue ver la felicidad que la música le generaba. Isa brillaba cuando tocaba. Era una niña muy alegre, pero en la música encontraba un espacio donde podía expresarse libremente, sin limitaciones ni barreras. La música tiene un poder increíble para regular emociones, y esto lo vi en ella y en otros niños con los que he trabajado después.

También fue fascinante darme cuenta de que la música favorece la socialización. En las clases grupales, Isa se relacionaba con otros niños, aprendía a esperar su turno, a tocar en conjunto, a escuchar a los demás. A menudo se piensa que estos niños deben aprender solos o con metodologías demasiado estructuradas, pero la realidad es que pueden compartir, integrarse y formar parte de un grupo musical, disfrutándolo como cualquier otro niño.

A los padres que están considerando la música para sus hijos con Síndrome de Down, les diría que no lo duden. La música es una terapia que no se siente como tal, porque ellos la disfrutan plenamente. Ponerles canciones desde pequeños, cantarles, jugar con ritmos e integrar la música en su vida diaria les aporta enormes beneficios. También es fundamental encontrar un profesor paciente, que comprenda que cada niño aprende a su propio ritmo y que no los presione con expectativas rígidas.

Es normal preguntarse si aprenderán igual que un niño sin Síndrome de Down. La respuesta es que aprenderán a su manera, y eso es lo hermoso. No se trata de que toquen perfectamente o de que sigan un método tradicional, sino de que disfruten la música, de que esta se convierta en una herramienta para su desarrollo, comunicación y felicidad.

En conclusión, la música ofrece un medio único y accesible para los niños con Síndrome de Down, ayudándoles a desarrollar habilidades cognitivas, emocionales y motoras de manera divertida y estimulante. A través de la música, los niños pueden mejorar su coordinación, comunicación y expresión, mientras refuerzan su autoestima y confianza. Además, les brinda una plataforma para conectar con otros, fomentando la inclusión y el sentido de pertenencia. En definitiva, la música no solo enriquece su desarrollo, sino que también les permite explorar su potencial en un ambiente seguro y lleno de apoyo.

TDAH

La música es una herramienta increíble para los niños con Trastorno de Déficit de Atención e Hiperactividad (TDAH). A diferencia de los niños con Síndrome de Down, que encuentran en la música un refuerzo para el lenguaje y la motricidad, en los niños con TDAH la música actúa como un regulador de la atención, la impulsividad y la autorregulación emocional.

Uno de sus mayores beneficios es que ayuda a mejorar la capacidad de concentración. Los niños con TDAH tienen dificultades para mantener la atención en tareas prolongadas, pero cuando la actividad musical está estructurada en ritmos y patrones, su cerebro encuentra un orden que les permite enfocarse mejor. La repetición rítmica, por ejemplo, fortalece la memoria de trabajo, una función que suele estar afectada en ellos.

Otro beneficio clave es que la música contribuye a organizar el pensamiento. Muchos niños con TDAH tienden a ser impulsivos, pero trabajar con estructuras musicales los obliga a detenerse, escuchar, anticipar lo que viene y reaccionar en el momento adecuado. Este tipo de entrenamiento es muy útil para desarrollar la paciencia y la capacidad de espera, habilidades que les resultan especialmente difíciles en su día a día.

Además, el aprendizaje musical fomenta la autodisciplina. Un niño con TDAH puede tener dificultades para seguir instrucciones, pero cuando participa en una actividad musical que le interesa, se motiva a prestar atención y seguir un proceso. Si aprende a tocar un instrumento, debe respetar un orden de movimientos, coordinarse con el ritmo, recordar secuencias... y lo hace de forma natural, sin sentir que es una obligación.

La música también tiene un impacto positivo en la regulación emocional. Muchos niños con TDAH experimentan frustración con facilidad y les cuesta gestionar sus emociones. La música les ofrece un canal de expresión y una vía de escape saludable para liberar tensiones.

Desde mi experiencia como profesora, he notado que es fundamental adaptar la enseñanza a sus necesidades. A los niños con TDAH no les funciona un método rígido o excesivamente repetitivo. Lo ideal es que las clases sean dinámicas, con variedad de actividades que mantengan su interés. Alternar entre ritmos, improvisaciones y pequeños retos ayuda a que no pierdan la motivación.

También es muy útil trabajar con el movimiento. Muchos niños con TDAH necesitan moverse constantemente, por lo que integrar la música con el cuerpo—ya sea a través de percusión corporal, bailes o ejercicios rítmicos—hace que la clase sea más efectiva y menos frustrante para ellos. En mis clases, cuando tengo algún niño con este diagnóstico, procuro modificar la dinámica y añadir actividades más físicas. Incluso los mismos ejercicios pueden adaptarse para ser más activos.

Uno de los juegos que más disfrutan todos los niños es el de reconocer instrumentos. A veces les muestro láminas y deben decirme el nombre del instrumento, o les digo el nombre y ellos deben señalar la lámina correcta. Sin embargo, en el caso de los niños con TDAH, utilizo lo que llamo la versión más movida: esparzo los instrumentos o las láminas por todo el aula, a veces incluso los escondo, y, mientras canto una canción que compuse, les voy pidiendo que encuentren el instrumento. Es una actividad 100 % efectiva y les encanta. De hecho, a menudo la tengo como un as bajo la manga cuando noto que la atención empieza a disminuir.

A los padres siempre les recomiendo que apoyen el aprendizaje musical de sus hijos sin presionarlos demasiado. Es fundamental que la música no se convierta en una carga o en una tarea más que genere estrés. Si un niño con TDAH disfruta tocando un instrumento o participando en una actividad musical en grupo, lo mejor que pueden hacer es reforzar su motivación con comentarios positivos y permitirle explorar la música a su propio ritmo.

También es recomendable fomentar un ambiente en casa donde la música forme parte del día a día. No se trata solo de que el niño aprenda a tocar un instrumento, sino de que la música lo acompañe en diferentes momentos: al hacer la tarea, al relajarse antes de dormir o incluso como una herramienta para canalizar su energía cuando está inquieto.

En conclusión, la música no solo ayuda a los niños con TDAH a mejorar su concentración y capacidad de organización, sino que también se convierte en un canal de expresión y en una herramienta para su bienestar emocional. No se trata de convertirlos en músicos profesionales, sino de brindarles un recurso que les ayude a gestionar mejor sus desafíos diarios de una manera natural y placentera.

El Autismo y la música

De todos los desafíos que he enfrentado como profesora, los más increíbles, los que más me han enseñado y los que más he disfrutado han sido aquellos en los que he trabajado con niños con Autismo. El Autismo es un espectro amplio, y cada niño es único: algunos tienen dificultades en la comunicación, otros en la interacción social, algunos presentan hipersensibilidad sensorial, mientras que otros buscan estímulos constantemente. La música puede ser una herramienta extraordinaria para trabajar con ellos, porque no necesita palabras; se conecta directamente con las emociones, el ritmo y la estructura, brindándoles seguridad.

Los niños con Autismo suelen responder muy bien a la música, ya que les ayuda a regular sus emociones, mejorar la atención y desarrollar la coordinación. Muchos, incluso, poseen una capacidad musical impresionante: memorizan melodías con facilidad, reconocen patrones mejor que otros niños y encuentran tranquilidad en la repetición musical, pues les permite anticipar lo que vendrá, algo que es clave para ellos.

Hace algún tiempo tuve un alumno muy especial, con un talento increíble. Su fortaleza era el oído y la memoria, pero le costaba mucho mantener la atención y seguir indicaciones. Cuando comencé a darle clases, me resultó difícil. De hecho, el primer día, su madre y su abuela me comentaron que ya había pasado por tres profesores, ninguno de los cuales quiso continuar.

Él no quería dar la clase sentado, le costaba mantener la postura correcta y no seguía ninguna de mis indicaciones; simplemente tocaba y tocaba sin parar. Al principio, intenté que se sentara adecuadamente, que tocara una escala, que prestara atención, pero fue imposible. Entonces, comprendí que si quería lograr algo, no podía hacerlo de la manera habitual. Tenía que encontrar el camino adecuado para llegar a él.

Me di cuenta de que le encantaba improvisar, tocar piezas de oído y que era un apasionado de los videojuegos. Así que comencé a llevarle piezas de videojuegos para captar su interés. No quería frenar su talento ni su entusiasmo, así que tocaba una y otra vez las melodías que le gustaban, y enseguida las aprendía. Poco a poco, fui introduciendo elementos técnicos y teóricos: primero, las notas en el pentagrama, que se las enseñaba y dejaba anotadas. Luego, las cantábamos, a veces saltando, otras de pie, otras sentados en el piano mientras tocábamos.

Al final de cada clase, hacíamos un *musicograma*, una actividad que él adoraba. Le decía que si hacía bien todos los ejercicios, podríamos terminar con el *musicograma*, y esa expectativa lo motivaba. Con el tiempo, noté que disfrutaba tocando lo que ya sabía, pero que se estresaba al enfrentarse a piezas nuevas o a lo desconocido. Por ello, comencé a introducirle nuevas piezas y conocimientos de manera gradual.

Tenía algunas fijaciones muy particulares: no soportaba ver páginas arrugadas o rotas, si se equivocaba quería empezar desde el principio, y siempre quería saber el año en que se había compuesto cada pieza. Así que me aseguraba de entregarle sus partituras en perfecto estado y de llevarle toda la información lista para cuando me preguntara. Con estos pequeños detalles, logré que las clases fueran cada vez más atractivas y su atención mejoró notablemente. Su familia notó una gran diferencia en su conducta general. Participó en todos los recitales y, según su terapeuta, desde que comenzó sus clases de música, había experimentado un avance significativo.

Trabajar con niños con Autismo en la música requiere paciencia, observación y flexibilidad. No se debe forzar el contacto visual ni esperar respuestas inmediatas; lo ideal es seguir su ritmo y permitirles explorar el sonido a su manera. Algunos reaccionan mejor a los instrumentos de percusión porque sienten la vibración; otros, a los de cuerda porque el sonido los envuelve. Lo más importante es que la música sea un puente, nunca una imposición.

El cerebro de una persona con Autismo procesa la música de una manera única debido a diferencias en la conectividad neuronal y en la forma en que se integran los estímulos auditivos, emocionales y motores. En general, el cerebro Autista suele tener una conectividad local muy fuerte, pero una comunicación global más débil. Esto significa que ciertas áreas funcionan de manera excepcional por separado, pero no siempre trabajan en conjunto de forma eficiente.

La música es especial porque activa múltiples áreas del cerebro al mismo tiempo: el sistema auditivo, motor, emocional y cognitivo. Para una persona con Autismo, el procesamiento de la música puede ser más eficiente que el del lenguaje, ya que la música posee estructura, patrones y repetición, lo que les brinda seguridad y previsibilidad.

Uno de los efectos más fascinantes es que la música puede estimular el hemisferio derecho del cerebro, asociado con la emoción y la creatividad. En muchos niños con Autismo, el lenguaje suele estar más afectado debido a dificultades en el procesamiento verbal del hemisferio izquierdo. Sin embargo, la música puede activar vías neuronales alternativas que favorecen la comprensión del lenguaje y la expresión emocional.

Además, la música estimula la producción de dopamina, el neurotransmisor asociado con la motivación y el placer. Muchas personas con Autismo tienen dificultades para regular la dopamina, lo que puede hacer que se sientan fácilmente abrumadas o desmotivadas. La música, al equilibrar estos niveles, puede generar una sensación de bienestar y, por ello, muchos niños con autismo experimentan un placer inmenso al escuchar música, llegando a repetir la misma canción durante horas.

Otro aspecto clave es que la música contribuye a la plasticidad cerebral, es decir, a la capacidad del cerebro para crear nuevas conexiones neuronales. Por ejemplo, cuando un niño con Autismo tiene dificultades para comunicarse, la música puede activar circuitos alternativos que favorecen el desarrollo del lenguaje y la interacción social. Muchas terapias utilizan el canto, ya que el ritmo y la melodía facilitan la articulación de palabras y la expresión verbal.

Asimismo, diversos estudios han demostrado que la música puede ayudar a regular la hiperactividad y la ansiedad en personas con Autismo, ya que influye en el sistema límbico, la región del cerebro encargada de procesar las emociones. Las frecuencias bajas y los ritmos estructurados pueden generar un efecto calmante, permitiendo que la persona se relaje y mejore su capacidad de concentración.

Para los padres, la música es una gran aliada. Puede utilizarse para anticipar rutinas, asignando una canción específica para la hora del baño, otra para ir a dormir o para los momentos de transición. Esto proporciona estructura y reduce la ansiedad en los niños. Además, cantar con ellos—sin importar si se tiene buena voz—fortalece el vínculo y facilita la comunicación, ya que el sonido repetitivo es reconfortante y puede convertirse en una herramienta poderosa para la expresión.

El Autismo es un espectro amplio, y cada niño vive la música de manera diferente. Algunos niños son no verbales, pero logran expresarse a través de la música; otros, con Síndrome de Asperger, pueden desarrollar una fascinación profunda por un instrumento o un compositor en particular. También hay quienes tienen una sensibilidad extrema al sonido y prefieren frecuencias bajas. Lo maravilloso es que cada uno encuentra su propia forma de conectar con la música.

La influencia de la música se extiende a diversas áreas del desarrollo. En el aspecto motor, mejora la coordinación; en el lenguaje, fomenta la imitación; en la socialización, facilita la interacción cuando se canta en grupo; en la regulación emocional, puede calmar o estimular según el ritmo; y en la memoria, su estructura facilita el aprendizaje. Muchos niños aprenden a hablar a través de canciones cuando el habla por sí sola no fluye naturalmente.

Lo más importante es recordar que la música es un canal de comunicación. Cuando las palabras no llegan, la música sí lo hace. Cuando hay ansiedad, la música puede calmar. Cuando hay frustración, la música puede aportar orden. Por eso es tan poderosa en niños con Autismo: no solo los ayuda en su desarrollo, sino que también les brinda un espacio seguro para ser ellos mismos.

La enseñanza musical en estos casos no solo es una herramienta valiosa, sino que también está reconocida como una forma de terapia. De hecho, algunos seguros de salud cubren la educación musical como parte del tratamiento terapéutico.

Un aspecto fundamental que quiero destacar para los padres es la importancia de la comunicación con el profesor. Para lograr mejores resultados, es esencial que el docente conozca la condición del niño. Nunca debe ocultarse un diagnóstico, ya que la prioridad siempre será el bienestar, la educación y el desarrollo del niño. Mantener un diálogo constante con el profesor sobre cómo reacciona el niño en casa, sus hábitos y sus intereses puede ser clave para que el docente establezca una mejor conexión y adapte la enseñanza de manera efectiva.

Es fundamental comprender que estas condiciones no son una limitación. Cada niño es único y especial, y todos, de manera general, somos seres irrepetibles. Los niños con necesidades especiales pueden sorprendernos con sus capacidades más de lo que imaginamos. Solo necesitan las herramientas adecuadas, una enseñanza adaptada y profesionales dispuestos a guiarlos para que puedan recibir los beneficios de la música de la mejor manera posible.

CONCLUSIONES

Después de llegar hasta este punto, creo que nos ha quedado algo muy claro: la música es imprescindible. No solo en la educación de nuestros hijos, sino en nuestra vida en general. Tiene una influencia extraordinaria en nuestro cerebro, en nuestra formación, en nuestra sensibilidad y, sobre todo, en la construcción de la sociedad futura. La música no es solo un arte, sino una herramienta poderosa que nos permite educar con mayor profundidad, transmitir valores, estimular el desarrollo infantil y fortalecer la conexión entre padres e hijos.

Hoy en día, contamos con más información que nunca. Tenemos al alcance herramientas que nos permiten educarnos y tomar decisiones más conscientes sobre la crianza y la formación de nuestros hijos. La música es una de esas decisiones que puede marcar una diferencia enorme en la vida de un niño, y es por eso que he querido plasmar en este libro todo lo que considero fundamental para que puedan guiar a sus hijos en este camino.

Espero que esta guía les sirva como una herramienta útil y práctica, que puedan consultarla cada vez que lo necesiten, que la tengan a mano cuando surjan dudas sobre cómo ayudar a sus hijos en su estudio musical o sobre qué pasos seguir en cada etapa de su aprendizaje. Me encantaría que este libro no solo quedara en sus manos, sino que su contenido se aplicara en la vida diaria, en sus hogares, en la educación de sus hijos, en la forma en que perciben la música y en la manera en que fomentan su importancia en su entorno.

También creo firmemente en la responsabilidad que todos tenemos de esparcir el conocimiento. Cuando algo puede beneficiar a los niños y contribuir a la sociedad del futuro, es nuestra obligación compartirlo. No se trata solo de que nuestros propios hijos tengan acceso a una educación musical enriquecida, sino de que podamos inspirar a otras familias, a otros niños, a otras comunidades a valorar la música como lo que es: una herramienta de crecimiento, de aprendizaje y de transformación.

La música no es un lujo ni una actividad secundaria. Es parte esencial de nuestra cultura, de nuestra historia, de nuestra humanidad. Y como padres, maestros y miembros de una sociedad, tenemos la oportunidad y la responsabilidad de brindarle a las nuevas generaciones todas las herramientas posibles para crecer en un entorno más rico, más armónico y más consciente.

Espero que este libro pueda ser un punto de referencia y que, cuando sientan la necesidad de orientación, lo abran en la página adecuada y encuentren en él una guía clara para seguir adelante. Y si alguna vez se preguntan si vale la pena el esfuerzo, recuerden que cada semilla que plantamos en la educación de un niño puede dar frutos que cambiarán el mundo.

"*Cuando educamos a un niño en la música, no solo le damos una habilidad, le damos un lenguaje para expresarse, una herramienta para comprender el mundo y una fuente inagotable de alegría.*"

Anexo de Terminología y Elementos Musicales.

Este anexo ofrece una guía básica de los elementos esenciales de la música, como notación, ritmo, dinámica y expresividad, con explicaciones claras y ejemplos visuales.

El objetivo es que los padres puedan reconocer estos conceptos y, así, apoyar mejor el estudio individual de sus hijos, hablando el mismo "idioma" musical.

De esta forma, se facilita la interpretación y comprensión de la música, creando un entorno de aprendizaje más colaborativo y efectivo.

1. Notación Musical

Pentagrama

El pentagrama es el sistema de cinco líneas y cuatro espacios donde se escriben las notas musicales.

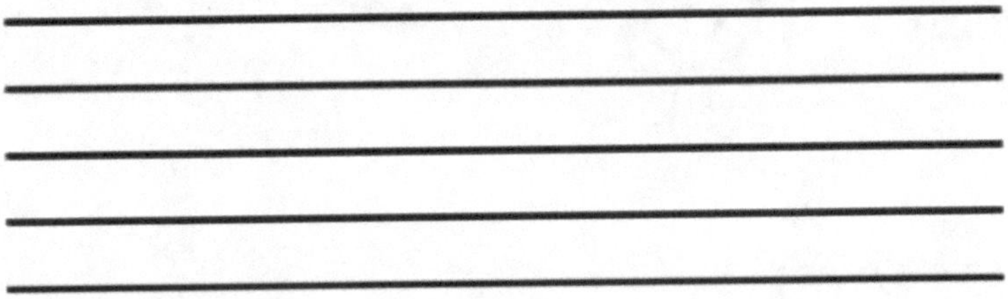

Las líneas y espacios se cuentan de abajo hacia arriba:

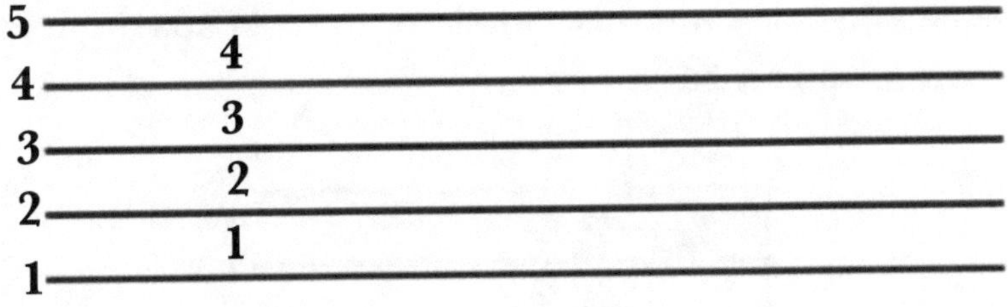

La posición de las notas en el pentagrama determina la altura del sonido. Se utilizan líneas y espacios adicionales para las notas fuera del pentagrama.

Claves

Las claves son símbolos que organizan la música, ayudando a identificar la altura de las notas en el pentagrama y ofreciendo una guía de referencia. Existen tres claves: la clave de Sol, la clave de Do y la clave de Fa.

Nos centraremos en las dos más utilizadas:

- **Clave de Sol:**
  Se usa principalmente para notas agudas, como en instrumentos como el piano en la mano derecha o el violín. Su posición en el pentagrama indica que la nota situada en la segunda línea corresponde a Sol.

- **Clave de Fa:**
  Se utiliza para notas graves, como en el piano en la mano izquierda o el violonchelo. En este caso, la posición de la clave de Fa indica que la nota en la cuarta línea corresponde a Fa.

Notación Musical Alfabética y Silábica

Las notas pueden nombrarse de dos formas:

- **Alfabética:** C, D, E, F, G, A, B
- **Silábica:** Do, Re, Mi, Fa, Sol, La, Si

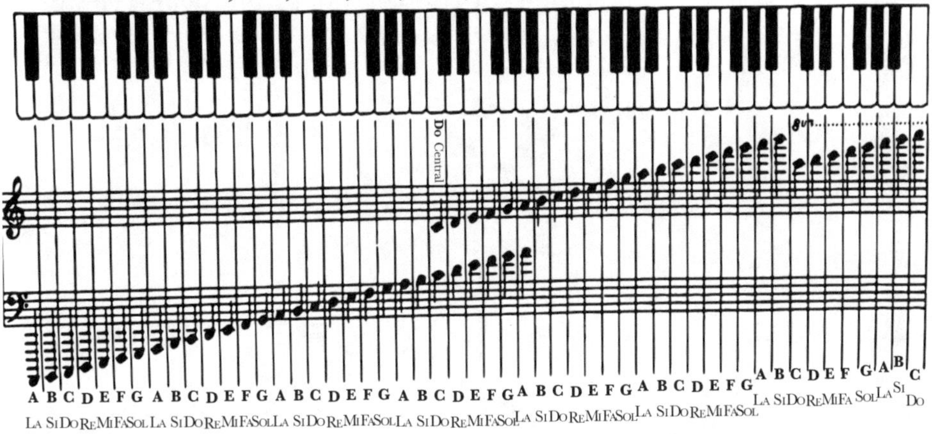

Alteraciones y Tonalidad:

- **Sostenido (#):** Sube la nota medio tono.
- **Bemol (♭):** Baja la nota medio tono.
- **Becuadro (♮):** Cancela un sostenido o un bemol.

Cuando estas alteraciones aparecen al inicio de la obra se llaman **armadura de clave.**

La armadura de clave sirve para indicar que esas alteraciones estarán presente durante toda la obra aunque no las veamos en cada nota. Por ejemplo si al inicio de la obra hay un si bemol, eso significa que estamos tocando en la escala de Fa Mayor o re menor y que todos los si que nos encontremos deben ser bemoles aunque no tengan la indicación, excepto si tiene un signo de becuadro que cancela cualquier alteración.

Suele verse entre la clave y el compás e indica en que tonalidad estamos tocando. Cada tonalidad tiene sus propias alteraciones.

2. Ritmo y Métrica

Notas y Figuras Rítmitcas

Las notas tienen diferentes duraciones, representadas por figuras rítmitcas:

Redonda	𝅝	**= 4 tiempos**
Blanca	𝅗𝅥	**= 2 tiempos**
Negra	♩	**= 1 tiempo**
Corchea	♪	**= 1/2 tiempo**
Semicorchea	𝅘𝅥𝅯	**= 1/4 tiempo**

Anatomía de la figura

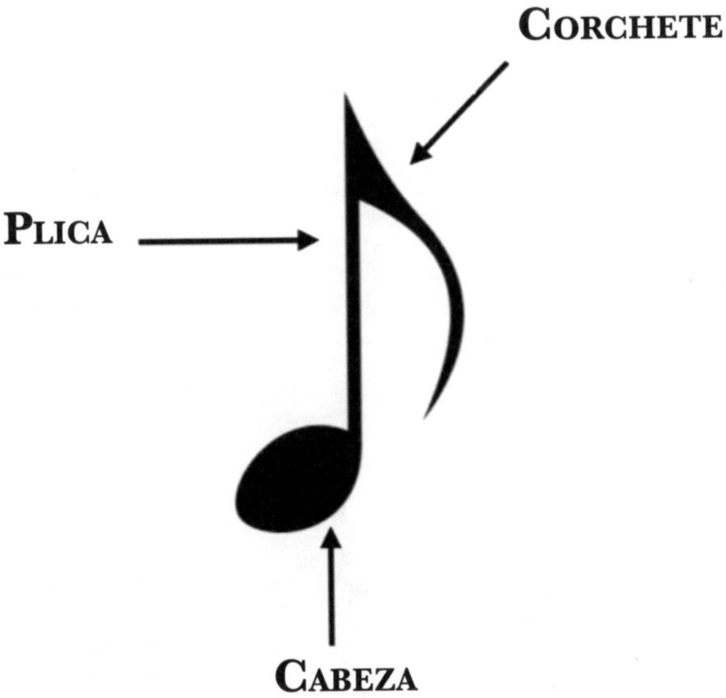

Puntillo

El puntillo se ubica al lado derecho de la cabeza de nota o del silencio y le añade la mitad de su valor a la figura que representa. Por ejemplo una blanca tiene un valor de 2 tiempos. Una blanca con puntillo tendría un valor de 3 tiempos.

Silencios

Los silencios musicales son signos que representan pausas en la música, indicando momentos de ausencia de sonido.

Cada figura tiene un silencio equivalente a su valor.

Redonda

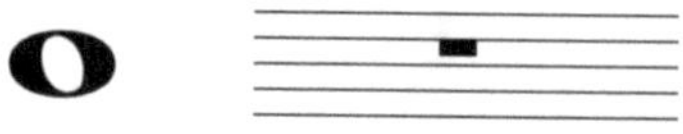

Silencio de Redonda (4 tiempos)

Blanca

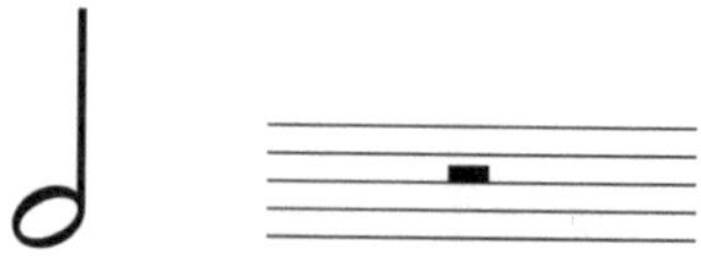

Silencio de Blanca (2 tiempos)

Negra

Silencio de Negra (1 tiempo)

Corchea

Silencio de Corchea (1/2 tiempo)

Semicorchea

Silencio de Semicorchea (1/4 tiempo)

Síncopa y Contratiempo

- **Síncopa:**
  Acento en un tiempo o parte del tiempo donde normalmente no lo hay.

- **Contratiempo:**
  Sonidos en tiempos débiles que crean un efecto de desplazamiento del ritmo.

Pulsación y Subdivisión

La pulsación es el latido constante de la música. Puede subdividirse en partes más pequeñas para marcar ritmos más complejos.

Compases

Los compases organizan la música en grupos de pulsos. Se clasifican en simples y compuestos y también en binarios ternarios y cuaternarios, dependiendo de la cantidad de pulsos por compás y la manera de ser subdivididos.

- **Simples 2/4, 3/4, 4/4.**
  Se caracterizan por tener numerador 2, 3 y 4 y esto define la cantidad de pulsos que va en cada compás.
  La subdivisión es binaria.
  El denominador define la figura que va a marcar el pulso.
  El 4 significa que la negra marcará el pulso.

- **Compuestos 6/8, 9/8, 12/8**
  Se caracteriza por tener numeradores 6, 9 y 12, indicando que caben 6, 9 y 12 pulsos respectivamente por compás.
  La subdivisión es ternaria.
  La figura que va a marcar el pulso es la corchea, definida con el denominador 8.

A su vez, dependiendo de la cantidad de pulsos por compás se clasifican en:

- **Binario 2/4, 6/8**
- **Ternario 3/4, 9/8**
- **Cuaternario 4/4, 12/8**

3. Dinámica y Agógica

Indicaciones de Volumen

- **PP** (pianissimo): Muy suave
- **P** (piano): Suave
- **MP** (mezzo-piano): Medio suave
- **MF** (mezzo-forte): Medio fuerte
- **F** (forte): Fuerte
- **FF** (fortissimo): Fuertísimo

- **Crescendo** (cresc.): Aumentar progresivamente la intensidad. Se representa además con el símbolo **<**

- **Decrescendo** (decresc.) o **Diminuendo** (dim.): Disminuir gradualmente la intensidad del somido. Se representa además con el símbolo **>**

Términos de Tempo

- **Largo:** Tempo muy lento.
- **Adagio:** Lento y solemne
- **Andante:** Moderado
- **Allegretto:** Ligeramente rápido
- **Allegro:** Rápido
- **Presto:** Muy rápido

Cambios de Tempo

- **Ritardando/Ralentando:** Disminuir la velocidad progresivamente.
- **Accelerando:** Aumentar la velocidad progresivamente.
- **Rubato:** Flexibilidad en el tempo para expresividad.
- **Calderón o Fermata:** Indica que una nota o silencio deben prolongarse más allá de su duración habitual, según la interpretación del músico o la dirección del director.

4. Expresividad y Articulación

Fraseo y Matices:

El fraseo se refiere a la forma en que se interpretan las frases musicales para darles expresividad.

Articulaciones:

- **Ligadura:** Indica que dos o más notas se deben ejecutar de manera continua y sin separación, creando una transición suave entre ellas. Se representa con una línea curva que une las notas.

- **Staccato:** Indica que las notas deben ejecutarse de forma corta y separada. Se representa con un punto colocado sobre o debajo de la cabeza de la nota. No debe confundirse con el puntillo, que también es un punto, pero se ubica a la derecha de la cabeza de la nota, aumentando su duración en la mitad de su valor original.

- **Acento:** Énfasis o realce en una nota o acorde, haciéndolo sonar más fuerte o destacado en comparación con los demás. El símbolo se indica sobre o bajo la nota y puede afectar la expresividad y el carácter de la interpretación.

5. Numeración de los Dedos

Es importante que los padres comprendan cómo se numeran los dedos en distintos instrumentos para ayudar a sus hijos a seguir correctamente las indicaciones en las partituras.

• Piano:

La numeración de los dedos en el piano es la misma para ambas manos:

- **1** - Pulgar
- **2** - Índice
- **3** - Medio
- **4** - Anular
- **5** - Meñique.

• Violín:

- **1** - Índice
- **2** - Medio
- **3** - Anular
- **4** - Meñique

• Guitarra:

Los dedos de la mano izquierda se numeran igual que en el violín:

- **1** - Índice
- **2** - Medio
- **3** - Anular
- **4** - Meñique

Los dedos de la mano derecha (para punteo) se identifican con letras:

- **p** - Pulgar
- **i** - Índice
- **m** - Medio
- **a** - Anular

6. Familias de Instrumentos

Una forma de entender los instrumentos musicales es clasificarlos en familias según cómo producen el sonido.

- **Instrumentos de Cuerda:**

  Producen sonido al hacer vibrar cuerdas. Se clasifica en cuerdas frotadas, cuerdas pulsadas, cuerdas pinzadas y cuerdas percutidas.

  Ejemplos: Violín, viola, violonchelo, contrabajo, guitarra, arpa, piano y clavicémbalo.

  ___

- **Instrumentos de Viento:**

  Producen sonido al hacer vibrar el aire dentro de un tubo. Se dividen en:

  - **Viento madera:** Producen el sonido al soplar sobre un bisel, o una lengûeta, haciendo vibrar una caña. Utilizan sistemas de llaves.

    Ejemplos: Oboe, Clarinete, Saxofón, Fagot.

  - **Viento metal:** Producen el sonido por la vibración de los labios del músico en una boquilla metálica. Utilizan sistema de pistones.

    Ejemplos: Trompeta, Trombón, Tuba, Trompa.

  ___

- **Instrumentos de Percusión:**

Producen sonido al ser golpeados, sacudidos o frotados. Se clasifican por el material del que están hechos y también por si están afinados o no.

Definición por afinación:

- **De altura definida:**
  Producen sonidos de tono definido y se pueden afinar a notas específicas
  Ejemplos: Tímpani, xilófono, vibráfono.

- **De altura indefinida:**
  Producen sonidos de tono indefinido y no se afinan a notas específicas.
  Ejemplos: Bombo, Caja, Platillos, Triángulo.

Definición por material de construcción:

- **Idiófonos:**
  Sus propios cuerspos son los que producen la vibración y por tanto el sonido.
  Ejemplo: Campana, Triángulo.
- **Membranófonos:**
  Utilizan una membrana tensada o un poco suelta para producir el sonido.
  Ejemplo: Tumbadoras, Bombo.

7. Otros términos

A

- **A capella:** Interpretación vocal sin acompañamiento instrumental.
- **A tempo:** Indicación para volver al tempo original después de un cambio.
- **Agógica**: Variaciones sutiles en la velocidad para expresar emoción.
- **Arpegio:** Notas de un acorde tocadas sucesivamente en lugar de simultáneamente.
- **Atonalidad:** Música sin una tonalidad definida.

B

- **Bajo continuo:** Acompañamiento típico del Barroco, con cifrado armónico.
- **Ballet**: Composición musical para danza clásica.
- **Barítono:** Tipo de voz masculina entre tenor y bajo.
- **Beat:** Pulso rítmico de la música.
- **Binario:** Ritmo o compás basado en subdivisiones de dos.
- **Bitonalidad:** Uso simultáneo de dos tonalidades diferentes.

C

- **Cadencia:** Secuencia de acordes que concluye una frase musical.
- **Cadenza:** Pasaje virtuoso, generalmente improvisado, en un concierto.
- **Canon:** Composición en la que una voz imita a otra en diferentes momentos.
- **Clave:** Símbolo al inicio del pentagrama que determina la altura de las notas.
- **Compás:** División de la música en grupos de tiempos fuertes y débiles.
- **Consonancia:** Combinación armónica de sonidos que suenan estables.

D

- **Da capo (D.C.):** Indicación para repetir desde el inicio.
- **Disonancia:** Combinación de sonidos que generan tensión.
- **Divisi:** Indicación en partituras para dividir una sección instrumental en varias partes.
- **Doceava:** Intervalo equivalente a una octava más una quinta justa.
- **Dúo:** Composición o interpretación para dos músicos.

E

- **Elegiaco:** Carácter melancólico o fúnebre en la música.
- **Enarmónico:** Notas que se escriben diferente pero suenan igual (Ej.: Do# y Reb).
- **Espressivo:** Indicación para tocar con expresividad.

F

- **Falsetto:** Técnica vocal que permite a los hombres cantar en registro agudo.
- **Fuga:** Composición polifónica basada en la imitación de un tema principal.

G

- **Glissando:** Deslizamiento continuo entre dos notas.
- **Grave:** Tempo muy lento y solemne.

H

- **Harmónico:** Sonido producido por la vibración parcial de una cuerda o columna de aire.
- **Homofonía:** Textura musical donde todas las voces se mueven juntas en armonía.

I

- **Impromptu:** Composición musical libre e improvisada.
- **Intervalo:** Distancia entre dos notas.
- **Intensidad:** Nivel de volumen del sonido.

J

- **Jazz:** Género musical originado en EE.UU. con improvisación y ritmo swing.

L

- **Legato:** Notas tocadas de manera suave y conectada.
- **Lied:** Canción alemana para voz y piano.

M

- **Maestoso:** Indicación para tocar con majestuosidad.
- **Modulación:** Cambio de tonalidad en una pieza musical.
- **Motivo:** Pequeña unidad melódica o rítmica que se desarrolla en una obra.

N

- **Non legato:** Notas separadas pero no tan cortas como staccato.

O

- **Octava:** Intervalo entre dos notas con la misma letra pero diferente frecuencia.
- **Ópera:** Obra teatral cantada con acompañamiento orquestal.
- **Ornamentación:** Adornos musicales como trinos o mordentes.

P

- **Pizzicato:** Técnica de cuerda en la que se pellizcan las cuerdas en vez de usar el arco.
- **Polifonía:** Varias líneas melódicas independientes sonando a la vez.

Q

- **Quinteto:** Obra o conjunto de cinco músicos.

R

- **Ritmo:** Organización del sonido en el tiempo.

S

- **Scherzo:** Movimiento musical ligero y rápido.
- **Semitono:** Intervalo más pequeño en el sistema tonal occidental.
- **Sinfonía:** Composición extensa para orquesta.
- **Sostenuto:** Mantener una nota o acorde por más tiempo.

T

- **Tacet:** Indicación de que un instrumento no debe tocar en una sección.
- **Tonalidad:** Centro armónico de una pieza musical.
- **Tutti:** Indicación para que toda la orquesta o conjunto toque.

U

- **Unísono:** Varias voces o instrumentos tocando la misma nota.

V

- **Vibrato:** Variación rápida de la altura de una nota para darle expresividad.
- **Virtuoso:** Músico con gran habilidad técnica.
- **Voces:** Líneas melódicas en una obra polifónica.

Jirallamas Llc

Lauren
Music Academy

ISBN 979-889766185-5
9 798897 661855

Lauren
Music Academy

Lauren Music Academy
Lauren Music Academy
Lauren Music Academy
Lauren Music Academy
Lauren Music Academy
Lauren Music Academy
Lauren Music Academy
Lauren Music Academy
Lauren Music Academy
Lauren Music Academy
Lauren Music Academy
Lauren Music Academy
Lauren Music Academy
Lauren Music Academy
Lauren Music Academy
Lauren Music Academy
Lauren Music Academy
Lauren Music Academy
Lauren Music Academy
Lauren Music Academy
Lauren Music Academy
Lauren Music Academy
Lauren Music Academy
Lauren Music Academy
Lauren Music Academy
Lauren Music Academy
Lauren Music Academy
Lauren Music Academy
Lauren Music Academy
Lauren Music Academy
Lauren Music Academy
Lauren Music Academy
Lauren Music Academy
Lauren Music Academy
Lauren Music Academy
Lauren Music Academy
Lauren Music Academy
Lauren Music Academy
Lauren Music Academy
Lauren Music Academy
Lauren Music Academy
Lauren Music Academy
Lauren Music Academy
Lauren Music Academy
Lauren Music Academy
Lauren Music Academy
Lauren Music Academy

Lauren
Music Academy

Lauren
Music Academy
Lauren
Music Academy
Lauren
Music Academy
Lauren
Music Academy
Lauren
Music Academy
Lauren
Music Academy
Lauren
Music Academy
Lauren
Music Academy
Lauren
Music Academy
Lauren
Music Academy
Lauren
Music Academy
Lauren
Music Academy
Lauren
Music Academy
Lauren
Music Academy
Lauren
Music Academy
Lauren
Music Academy
Lauren
Music Academy
Lauren
Music Academy
Lauren
Music Academy
Lauren
Music Academy
Lauren
Music Academy
Lauren
Music Academy
Lauren
Music Academy
Lauren
Music Academy
Lauren
Music Academy
Lauren
Music Academy
Lauren
Music Academy
Lauren
Music Academy
Lauren
Music Academy
Lauren
Music Academy
Lauren
Music Academy
Lauren
Music Academy
Lauren
Music Academy
Lauren
Music Academy
Lauren
Music Academy
Lauren
Music Academy
Lauren
Music Academy
Lauren
Music Academy
Lauren
Music Academy
Lauren
Music Academy
Lauren
Music Academy
Lauren
Music Academy
Lauren
Music Academy
Lauren
Music Academy
Lauren
Music Academy
Lauren
Music Academy
Lauren
Music Academy